ポケット版

すべてを手に入れる
残り97%の脳の使い方

認知科学者・カーネギーメロン大学博士
苫米地英人

フォレスト出版

まえがき

人生を思い通りにするために
知っておくべきこと

アメリカの公的機関による発表

この本を手にとっていただき、ありがとうございます。
ここで、あるアメリカの公的機関による情報をお伝えいたします。
この情報を知るだけでも、世界が違って見えてくるかもしれません。
その情報とは、

・アメリカの新聞『ニューヨークタイムズ』1週間の情報量は、18世紀の個人が一生をかけて得る情報量よりも多い。
・今年生まれる新しい情報の情報量は、過去5000年間に人類すべてが生み出したすべての情報量よりも多い。
・さらに、現在人類が生み出している情報は毎週2倍に増えている。

というものです。

みなさんは、どう思われますか？

このことが意味するのは、

「明日になったら使えない情報を、あなたは今日、学んでいる可能性がある」

ということです。実際、株式市場などを経験した人は実感があることでしょう。

これが日常の情報でも同様になりつつあるということです。

つまり、我々は、

「人類の歴史上、もっとも速い変化をとげる社会に生きている」

ということです。デューク大学のキャシー・デビッドソン教授が『ニューヨークタイムズ』のインタビューで語った記事によれば、**現在アメリカの小学校に入学した子どもたちの65%は大学卒業時に今は存在していない職業に就くだろう、**という予想までがされています。

あなたは、このスピードについていく準備ができていますか？

人生を思い通りにするために身につけるべきこと

これだけ変化の速い時代において思い通りの人生を送るためには、

・あなたの脳を最大限に活用する

ことが必要になってきています。

私たちの脳は、とてつもない能力を持っているにもかかわらず、多くの人が活用しきれていません。

そう、あなたの潜在能力は無限なのです。

本書では、**「人生を思い通りにする」**ために、

- **他人を動かす技術**
- **目標を達成する技術**

の二つを紹介します。

もちろん、**最新の「機能脳科学」と「認知心理学」**による、まったく新しい技術です。

今までの知識は忘れてください！

先ほども書いたように、今までに学んだ知識は、とっくに古いものなのです。

ですから、今までの知識は忘れてください。

実際、まったく新しい英語勉強法を紹介した拙著『英語は逆から学べ！』（小社刊）はベストセラーとなり、多くのネイティブスピーカーが生まれました。

この本で紹介した英語勉強法は、日本の学校教育で教える英語勉強法とはまったく違った、最新の脳科学で解明された脳のメカニズムを利用したものでした。

ぜひ、本書で紹介するまったく新しい技術をマスターして、思い通りの人生を送っていただきたいと思います。

プロローグでは、**「どうすれば、あなたの脳を最大限に使うことができるか」**

を説明します（3％しか使われていないといわれる私たちの脳のメカニズムから解説します）。

第1章では、**「人はどうやって説得されるのか？」「人はどうやって洗脳されるのか？」「人はどうやって操られるのか？」**について脳のメカニズムを解説します（世の中を支配している人たちのカラクリがわかるかもしれません）。

第2章では、具体的な**「他人を動かす技術」**を紹介します（洗脳の技術でもあり、かなり禁断の技術になり得ますので、自己責任で気を付けて使ってください）。

第3章では、**「なぜ、目標達成ができないのか？」**を脳のメカニズムと認知心理学から解説します。最新の科学の成果でわかった「脳」と「心」のカラクリがわかります（あなたの能力の問題ではなく、方法論の問題であることがわかるはずです）。

第4章では、具体的な**「思い通りの人生を送るためのメンタル・トレーニング」**を紹介します（誰にでもできる強力な方法です）。

最終章では、人生にとって重要な**「創造的無意識」の使い方**について解説します（「創造的無意識」とは、「意識」「無意識」とは別のもので、無意識をコントロールするために重要なものです）。

ぜひ、本書の内容を人生に生かしてください。
また、最速で変化する社会に対応できる「脳」と「心」をつくってください。
まずは、15ページのプロローグから気軽に読んでみてください。

苫米地　英人

※本書は２００８年11月発行の同名タイトルを一部修正・加筆したものです。

『残り97％の脳の使い方　ポケット版』

もくじ

第2章 相手の「脳」と「心」を思い通りに動かす！

第3章 思い通りの人生にするための「脳」と「心」の洗い方

第4章 最新の脳科学と心理学から開発されたメンタル・トレーニング・プログラム

最終章

「創造的無意識」の使い方

プロローグ

残り97%の脳の使い方

本当に脳は3%しか使われていないのか？

ちまたに出回っている本では、よく、

「人間は脳の3%くらいしか使っていない」

という記述を目にします。

本当でしょうか？

認知科学の専門家である私の立場からすると、ある程度正しいということになります。

ただし、使っている脳の神経が3%で、使っていない脳の神経が97パーセントという意味ではありません。

確かに、事故などで後天的に脳の一部を損傷したとき、その損傷した部位が担っていた役割を別の脳の部位が補うことがあります。これは、脳の可塑性《かそせい》といわれるもので、このことから考えると「使っている脳の神経が3％で、使っていない脳の神経が97％」というようないい方が正しいと思われるかもしれません。

しかし、これは間違いです。

「3％説」に科学的根拠はない？

一般的に、1％とか3％といわれていますが、数字そのものには大した根拠はありません。

あくまでも、**脳の神経回路網がアナログなので処理できるデータの量はたくさんあるのですが、その潜在的能力のほんの少ししか我々は使っていない**という意味合いです。

単純な例を挙げます。

たとえば、一つの神経が二つ（A、Bとします）の神経につながっている簡単な神経回路を考えてください。この神経に高いレベルの信号が入力されたときはAに出力され、低いレベルの信号が入力されたときはBに出力されるとします。

しかし、入力する信号のレベルの高低は、無限にあります。アナログは稠密《ちゅうみつ》で連続的なものですから、たとえ入力のレベルが0〜100まで100段階あっても認識可能なはずなのです。

これは神経回路網の認識の精度の問題で、1本の神経に三つの状態区分しか学ばせない使い方なら3%だけど、100の状態を区別できるような精度にすれば、あと97%残っているということになります。

「3パーセントしか脳を使っていない」というのは、こういう考え方に基づいているだけなのです。

脳神経がふだんやっていること

現実問題として、割合で言えば、現代人は余裕で100パターンの学習が可能な神経を持っているにもかかわらず、一つの神経当たり2パターンとか3パターンの学習しかさせていません。

ですから、神経回路の使われていない神経が97%寝ているわけではなくて（神経は生きていて、すべて使えている）、実際に使える理論的限界値から考えると、まったく使われていないと考えるのが普通ということです。

神経の学習可能になるレベルが100あって、それよりはるかに少ないレベルしか使われていないわけです。しかも、神経1本当たり100だとしたら、無数の神経で構成される神経回路網全体では、とてつもない数になります。

要するに、神経の訓練が足りないということです。別のいい方をすれば、経験が足りないということ。

ですから、もっと大量の新しい経験をすれば、大量のパターン体験ができ、神経はどんどん訓練されていくことになります。これは、最近話題のディープラーニング（深層学習）による人工神経網の学習成果でも証明されています。

脳に刺激を与え続けるとどうなるか？

前述したように、大量の経験が神経を訓練することになります。

単純な話として、東京にしか住んでいない人は東京のことしか知りません。しかし、東京、ニューヨーク、ロンドン、パリに住んだことのある人は、その四つの街について詳しく知っているでしょう。

パイロットのように世界の都市を毎週のように回っている人だったら、たとえば50都市についてすごく詳しい知識があるはずです。だからといって、50都市で学んだからといって東京1都市の知識が減るわけではありません。

東京しか知らない人に対して、100都市の知識を大量に持っていて、どこにコンビニがあるのか知っている人がいても、全然不思議ではありません。そう考

える と100倍学べるといったっていいはずです。

それは単純に**経験の量**なのです。

100倍以上の能力アップも可能となる!

普通の人は、一つの都市で、一つの家で、1台の車で、という場合が多いかもしれません。

しかし、100の都市に、家が100あって車が300台あって、ちゃんとそれぞれの車と家の位置と、それらのトイレの場所を全部覚えていても不思議ではありません。

そう考えると、今は3%しか脳を使っていない人が、300%使えるようになることも十分可能です。

これだけでも、100倍です。

しかも、前述しているように、実際の理論的限界値がわからないことを考えると、1000倍、2000倍になってもおかしくはありません。

本当の意味での新しい知識を身につけよう!

では、実際に、数十倍、数百倍、数千倍能力アップするには、どうすればいいのでしょうか?

それは、**今まで知らなかった知識や理論を学ぶこと**です。

これこそが、たくさんの都市に家を持っているのと同じになるわけです。

ところで、**脳は同じ刺激だと学習しません。**

「すでに知っている」と認識してしまうと、脳は学習しないからです。だから常に新しい刺激を与えるようにする必要があります。

ところが一方で、脳は知らないことは認識することができません。すべての認識は過去に持っている知識との結びつけで行われるからです。我々はすでに見たことのあるもの、またはすでに見たことのあるものと同じ範疇《はんちゅう》として認識できるものしか認識できないのです。

たとえば、携帯電話を見たことのない時代の人の前に携帯電話を置いておいたとしても、おそらくその存在にすら気がつかないはずなのです。

ということは単に新しい刺激を与えるだけでは、やはり学習しようがないのです。新しい知識を得るためには、すでに持っている知識を利用して、その知識を抽象化することにより、その範疇にある新しい知識を認識可能なものとして、新しい知識を学習する必要があります。

このように、抽象度を高めて世界を認識し、思考することによってのみ新しい知識を得ることができるのです。

そしてさらにそこから一般化、抽象化し、さらに知識を増やすことができます。

残り97%の脳を活用する学習法

実は、私たちの社会は、新しい情報が指数級数的に増加している一方で、新しい知識を学びづらくなっています。書店に行っても、抽象度の低い同じような内容の本がタイトルや著者を変えて売られているのが現状です。

テレビや新聞といったマスコミも、抽象度の低い同じ情報を垂れ流しているだけ、といってもいい過ぎではないような状態なのは、みなさんも感じているはずです。

また、**私たちが生きる現代社会には、抽象度の高い思考をする人が増えると困る人たちがいます。**それは、権力者の側にその傾向が見られます。市民の認識の抽象度が低ければ、彼らが自由に権力を振るえるからです。

彼らは、端的にいえば、権力を握り、富を独り占めしようと、自分の意のままに社会を操ろうとする人たちです。

その彼らの見えざる指令で、テレビなどメディアのつくられ方が、あえて市民の抽象度を下げるように仕掛けられているのではと思えるほどです。

あなたの人生は「奴隷の人生」かもしれない

彼らのような支配者・権力者たちは、「資本主義で代表される現代社会のヒエラルキーで上に行くという価値観が絶対である」と多くの人に思わせるように仕掛けており、大部分において成功しています。

これにより、多くの人が素直に現代社会における不必要な競争を受け入れてしまっています。

それは、**「奴隷の人生」**です。

一番怖いのは、奴隷の1人ひとりは本当に疑うことを知らない、素直で善良な人たちだということです。

社会にとって理想的な人になればなるほど、奴隷としては有能だといえます。しかも、日本の教育は落ちこぼれを出さないことが大きな目的となっているため、結果として奴隷ばかりを量産しているのが現状です。

そして、今の世の中では、競争社会に勝つ能力を育てようとしている人たちほど、良い先生、良い両親、良い大人と呼ばれているのです。

「三つのものさし」を捨てよう！

このように、私たちの社会は私たちに対して「奴隷の人生」を押し付けてきます。それだけでなく、そこに住む私たち自身が、この価値観を自身の家族や周囲の人たちに対して推進する側に回っています。このような生活にしみ込んだ権力をかつてミシェル・フーコーは**バイオパワー**と呼びました。

バイオパワーでがんじがらめになっている現代社会で、あなたが今までとは違う新しい知識と理論を学ぶことによって、あなた自身の「本当の能力」が開花するはずです。そこで、あなたに抽象度を上げる方法論を伝授します。

まずやっていただきたいのは、次の「三つのものさし」を捨てることです。ほとんどの人が次の「三つのものさし」を持っています。

①周囲にいる他人（ドリームキラー）
②社会の価値観
③仮想の自分

少し詳しく説明します。

①周囲にいる他人（ドリームキラー）

「ドリームキラー」とは、あなたの夢の実現を妨げる人たちのことです。既存の社会のヒエラルキーでの競争に勝つことが人生のゴールだと教える人も、ドリームキラーです。あなたが自由に夢を選択しているかのように仕掛けてきているだけだからです。

また、「君には無理」とか「君にはできない」とあなたの可能性に否定的なことをいう人もドリームキラーです。そういう自己イメージをあなたに植え付けようとするからです。

まずは、

「自分は自分。他人と比べることなどナンセンス」

だと認識してください。

それが、「ドリームキラーたちを撃退する方法」だからです。

他人の目にあなたがどう映っているかを気にしても仕方ありません。そもそも「他人の目に映る自分」自体、自分自身がつくり出した虚像です。**「自分を少しでも良く見せたい」という考えは、不幸のものさしでしかないのです。**写真に写るときについ髪の毛を直したり、お化粧を直したりしていませんか？　それはそういう癖がついてしまっているからです。

普段の自分のままではないので、そういう行動はきっと疲れるでしょう。また、そういう見かけに気を使う生活は、ストレスを感じるでしょう。

それはのちに述べますが、コンフォートゾーン（詳しくは125ページ）からずれているからです。自分の普段の楽なイメージから背伸びするのは、疲れるのです。そして元の状態に自然に戻ります。

そう、**ドリームキラーたちは、「より良いあなた」は疲れるもの、居心地の悪いものと教えるのです。そして、あなたを現状に押し込めます。**実際は、これもあとに述べますが、背伸びするのではなく、あなた自身のコンフォートゾーンそのものをずらすべきなのです。他人と比べて少しでも競争優位に立とうとするのは間違いなのです。

そして、あなたの周囲にいる他人で、

「あなたにはできない」
「あなたには無理」

という人たちのいうことを聞くのもやめましょう。彼らのものさしであなた自身の能力や人生を決められては、たまったものではありません。

こういうことをいうのは、多くの場合が両親や学校の先生でしょう。別に悪意でいっているわけではなく、彼ら自身がバイオパワーにがんじがらめになっていて、よかれと思って、ドリームキラーになってしまっているのです。このように、「ドリームキラー」は意外と身近にいるのです。

②社会の価値観

前述したように、私たちは権力者・支配者が仕掛ける「現代社会のヒエラルキーで上に行くという価値観が絶対である」と思い込まされています。

出身大学、勤務している会社のブランド、職種、年収……といったランク付けがはびこっています。

「競争社会」では、すべての人が最終的には負けて不幸感に陥ります。なぜなら、学歴、職業、会社のブランド、容姿、家族の職業や年収などなど、あらゆる基準で考えると、すべてで誰よりも上の人はいないからです。つまり、必ず何かで負けるからです。東大に入ったって、東大で1位になる人は1人しかいないからです。その人だって、容姿が東大で1番ということはないでしょう。

また、こういった価値観で生きていると、（あとで詳しく説明しますが）新しい知識が見えなくなってくるので、現状を超える能力アップは望めません。

③仮想の自分

「もし、あのとき、あの大学に入っていたら……」

「もし、お金持ちの家に生まれていたら……」

「もし、あのとき早まって結婚していなければ……」

「もし、あの会社に就職していれば……」

など、

「もし、別の道を歩んでいたら、今頃はこうだったのに……」


と思うことはないですか？

もし、そういうふうに考えることがあるなら、今すぐやめてください。

「仮想の自分」を現在の自分より優れていると考える限り、今の自分を自分で過小評価した自己イメージを持ってしまうからです。

我々は自己イメージのレベルを超えることができません、つまり、自分自身を

過小評価している限り、人生が成功することはあり得ません。

このような、

①周囲にいる他人（ドリームキラー）
②社会の価値観
③仮想の自分

の「三つのものさし」を、まずは捨てましょう。

まず、捨てることで自己イメージを押し下げているオモリから解放されます。

それが、能力アップの第1歩なのです。

その瞬間から劇的にあなたの人生は変わり始めます。

「三つのものさし」を捨てて、心を開いて、本書のテーマである「他人を動かす技術」と「目標達成の技術」について読んでいってください。

第1章

周りを自分の思い通りに動かす方法

周りの人に影響され続ける
人生を終わりにする！

現代社会におけるストレスの原因の多くは人間関係です。

多くの人が、他人との関係においてストレスやフラストレーションを感じて生きているはずです。

それは、学校や会社における組織内のことかもしれませんし、仕事における取引先かもしれません。

もしくは、家族関係かもしれません。

いずれにせよ、あなたがストレスのない人生を望むなら、人間関係における悩みをまずなくす必要があるはずです。

この章では、あなたが思い通りの人生を実現するための「周りを自分の思い通りに動かす方法」を紹介していきます。

人生における重要なスキルとは？

ここで少し考えてみてください。
あなたが望むと望まないとにかかわらず社会における成功とは、

「そこにかかわっている人がいうことを聞くか聞かないか」
「そこにかかわっている人が自分を選んでくれるかどうか」
「生み出すものに周囲が大きな対価を与えてくれるか否か」
「多くの人に評価されるかどうか」

にかかっています。

芸能人、政治家、経営者……などに当てはめてみるとよくわかるはずです。しかし、あなたが会社員だとしても、同じです。

会社員としての出世を望むなら、上司や顧客をはじめとする周りに評価される必要があります。また売り上げを上げる必要もあるでしょう。

このように、社会における成功を考えると、

「周りを思い通りに動かす技術」

がとても重要なスキルとなります。

生体レベルで人間は同調する

まず人間は強い人の信念に必ず同調されて引き込まれるということを知ってください。気功では大周天というものがあって、自分の身体を巨大な宇宙サイズに

したイメージをつくります。そういう大周天を使って治療をすると病気も治ることがあります。

あとで詳しく説明しますが、これは科学的にいうと**「ホメオスタシスの同調」**です。一緒に住んでいる女性同士の生理周期が同じになるのも同じ原理です。

なぜ同調するかというと、それはいろいろと仮説化されていますが、2人以上の人が一緒にいると生体の環境とのフィードバック状態が同じフィードバックサイクルになってくることが知られています。

一説には、フェロモンが原因ともいわれています。フェロモンが発見されたとき、女医さんが女子寮に住んでいた女子学生のわきの下に、コットンを当てて研究したら、女子学生の汗の中にあるフェロモンと名付けられた物質が原因となって、生理周期が一致していたことが解明されています。

すべてのホメオスタシス同調がニオイ物質で行われるのかどうかは解明されていませんが、何らかの情報伝達が生体から生体にされるわけです。それで同調作用が起きます。

それは生理周期だけじゃなく、呼吸が一致したり、まばたきが一致したり、いろいろな一致が起きます。**わざわざ相手に同調しようとしなくても、一つの臨場感世界を共有するだけで同調します。**臨場感空間なので、一緒の寮に住んでいるという物理的な臨場感の共有だけでなく、テレビや映画などの仮想空間の共有でも同調は起きます。

そしてそれは生体レベルで同調するので、たとえば片一方の人が病気で、もう片一方の人が健康だと、半分健康、半分病気を分け合うようになります。

臨場感空間を支配した者が勝つ

病というのは情報です。ですから、情報空間としての臨場感空間における身体が巨大であれば、相手が病気でも自分はピンピンしています。それは気功の大周天のように巨大な身体をつくっているからです。

臨場感空間で巨大な身体を持てば、勝ちなのです。これは健康のレベルだけで

なく、思想や考え方など情報的なものに関しても、「身体が大きいほうが勝ち」ということです。

すなわち、**情報空間を支配することが重要**なのです。そうすると周りは同調作用から、生体の自律的なホメオスタシス作用で自動的にその支配された臨場感空間であるべき状態になるのです。

相手を無意識的に説得する

まず相手を動かすというときに考えられるのが、

- **言語を使った説得**
- **言語を使わない説得**

になります。

前者の「言語を使った説得」の場合、ファクト（事実）の話になります。ということは、いかに効果的にプレゼンテーションするかの問題になってきます。まさに、ディベートの論理と同じです。

よくディベートは詭弁《きべん》といわれますが、それは大間違いです。ファクトがあって、そのファクトをいかに相手よりも短い時間で早く有効に提示できるかということがディベートです。

もちろん、すべての物事には裏表があるわけですから、その裏の側と表の側の両方を評価しながら、自分の主張の側がより正しいですよということを、より効果的にプレゼンテーションするのです。

ですから、ディベートはプレゼンテーションの技術として使えるわけです。本書はディベートの本ではないので、詳細は拙著『ディベートで超論理思考を手に入れる　超人脳の作り方』（サイゾー）にゆずりますが、これが言葉による方法論の特徴になります。

言語を使わずに相手を説得する方法

次に、言語を使わない説得の話をします。

言語を使わない場合は、検証可能なファクトか否かはもう関係なくなります。検証しようがないからです。

だから、危険なのです。

何がファクトかというのは、その本人の認識によるわけです。ただ言語による説得の場合は、その内容は吟味可能なので、本人の信念からずれた内容は、簡単に否定されてしまうか、もしくはそもそも認識として成立しません。ところが言葉を使わない場合は、相手は内容を吟味しようがありません。そこでどんなことでもファクトになります。

たとえば、この世の終わりがくるというイメージを受け入れたカルトの信者にとっては、この世の終わりがくるというのがファクトになってしまいます。

これが、**カルトによる洗脳**です（洗脳については次章で詳しく解説します）。

言葉を使う説得の場合は、相手の認識をそのまま生かしたまま、相手の認識の世界に対して、これが正しいんですよという論理を構築します。

たとえば資本主義だったならば、資本主義というシステムの中で想定される基準があるわけです。A社に投資するべきか、B社に投資するべきかというときに、A社のほうがいいですよ、なぜならば儲《もう》かりますよといった価値基準があるわけです。

一方、言語を使わない説得の場合は、価値基準そのものをこちらがつくることになります。ということは、ファクトをこれからつくることになります。

本音でいうと、説得する内容は正しかろうが正しくなかろうが関係ないわけです。価値基準をつくってしまうわけですから、全部正しくなってしまいます。

ですから、**禁断の技術**なのです。

勝ち負けといういい方をあえてするならば、絶対に負けません。相手の価値基準自体を変えるわけです。それがファクトになるのです。

相手の価値基準を変えるには？

たとえば、A社とB社に投資するのに、A社に投資したほうが明らかに顧客の投資家にとっては利潤が上がるのに、何らかの都合でB社を薦めなければならないとします。

資本主義の価値基準を使えば、当然、B社を薦めるには無理があります。しかし、その価値基準をこちらがつくってあげれば、説得が可能になってきます。ですから、たとえば、価値基準を資本主義ではなく、地球温暖化の危機に持っていくように仕向けます。

言語を使わない説得の場合、無意識への働きかけなので、論理は関係なくなります。本人の好みをつくればいいわけです。それを無意識に訴えかければいいのです。

つまり、「会社が儲かるのと、人類が滅亡するのを避けるのと、どっちが重要な話でしょう」というふうに価値基準を変えてしまい、その上でA社に投資すると、地球温暖化が危機的になるのですよ、「ヤバいじゃないですか」というリアリティを非言語的なイメージなどでつくればいいわけです。

この世を支配する人たちがやっていること

たとえば、地球温暖化を遅らせるには、すぐに水素エネルギーに切り替えるのがいいという話があります。本当でしょうか？

水素をつくるには、とてつもないエネルギーが必要です。水素は自然界では主にH_2Oという安定的な状態でしか存在していない元素ですから、安定的なH_2OをHとOに分解しなければならないので大変なエネルギーを必要とします。中学などの理科の実験でやった電気分解がそうです。

ですから、Hを取り出すために大量の化石燃料を燃やす必要があるのです。もちろんHそのものを燃やすのは、「クリーン」ですが、Hをつくるのは「クリーン」ではありません。であるにもかかわらず、「地球温暖化対策には水素エネルギーがいい」というリアリティがつくられています。

また、石油の精製工程の副産物としても水素ガスは生成されますが、このために石油を燃やすのでは本末転倒です。

地球温暖化というレベルでは、現在使用されている原油などの化石燃料にとって代わる大量の水素を生産するために、さらに大量の化石燃料を燃やし、結局より多くのCO_2を排出することになるという大きな矛盾があります。

この論理はいつの間にか隠されています（バイオで水素を生産する方法がありますが、原油に代わる量をバイオで大量生産するのは現在のところ現実的ではありません）。

ただし、彼らの本当の論理は簡単です。

投資です。投機といったほうが適切でしょう。明らかにビジネスです。水素エネルギーを利用するためのありとあらゆるパテントなどの知的財産権を押さえて、自分たちが儲かるように仕向けているのです。

食料価格の高騰も仕掛けられている

かつて、食料価格が異常に高騰した時期がありました。特に、トウモロコシなどの穀物の高騰が話題になりました。これは、代替アルコール燃料の原料として、トウモロコシなどの穀物が使われたからです。

その波及効果によって、日本では乳製品までもが高騰し、バターがスーパーからなくなるという現象も起きました。

これは、「代替アルコール燃料のほうが地球環境に優しいよ」という論理をつくっていることが原因です。

しかし、実際は、アルコールのほうが地球環境に優しくありません。同じ動力エネルギーを提供するためのアルコールをつくるために消費する化石燃料の量は、ガソリンを直接燃やすよりはるかに多いのです。水素の場合と同様です。

ですから、本当は、地球温暖化が怖いなら、アルコール燃料を使わないでガソリンをそのまま現在の最新のテクノロジーで制御して、クリーンかつ高能率に燃焼させて使ったほうがいいのです。

もちろんバイオにより穀物からアルコールを取り出す技術もありますが、水素の場合と同様、必要な原油の量に匹敵する生産性はまったくありません。

にもかかわらず、**代替アルコール燃料のほうが地球環境に優しいという論理をつくって、自分たちのビジネスを拡大させているのです。それは穀物市場に投機的に資金を注入したアメリカ、ヨーロッパの投機家たちが仕掛けているからです。**特にリーマンショックで金融マーケットが崩壊してからは、穀物市場がさらに投機的な思惑で動かされています。

こういった彼らが自分たちの投資効率を上げるために、アルコールが地球温暖化対策にいいですよ、という広告宣伝をしているのです。

原油価格の高騰も仕掛けられている

これと関連しているのが原油価格の高騰です。

原油が高い理由は投機だっていうのは100%わかっています。何のための投機かというと、原油の値段を上げて、アルコールや水素のほうの投機を守るためです。投資を守るための投機なのです。

わかりますか？

原油の値段が高騰してくれると、代替燃料に投資した会社の株が思いっきり上がります。原油が高いから代替燃料の需要が高まると思われるからです。

仮に原油を買い占めて損をしたとしても、自分たちの投資した会社の株価が上がるわけですから、簡単にお釣りがきます。ですから、市場で原油価格を上げるわけです。

原油価格が乱高下しているのも、まさに金融危機以降、投機的な資金が金融市場から原油などの市場に流れ込んでいるからです。つまり、**地球温暖化というのとは本質的には関係ないのです。ただ、そういうイメージで言語を使わない説得が仕掛けられているだけなのです。**もちろん、地球温暖化がないわけではなく、これは大変深刻な問題です。ただ、これら投機的な資金の動きは、地球温暖化を防ぐどころか、より加速させています。

CO_2の排出権の国と国の間での売買でも同じです。まるで地球温暖化を防ぐために取り入れ、各国の合意に見せかけられています。しかし、実際のところは、これまでまったくCO_2を排出していない国の権利を先進国が買い取って、その分排出するのですから、総体としては、排出権の売買の結果、はるかに多くのCO_2が排出されることになるのは目に見えています。

それどころか、サブプライムローン問題で問題となったREIT（不動産投資信託）のように、今度は、排出権を証券化して市場で売買しようとする動きさえあります。正気の沙汰《さた》とは思えません。いずれは、金本位制がかつてあったように、世界通貨がCO_2排出権本位制の通貨制度に移行することが想像できるぐらいです。

「そんなことやめろよ」といいたいところですが、そうはいきません。

なぜなら、そういう人たちからお金をたくさんもらって首相になったり、大臣になったりしている人たちが各国にたくさんいるからです。

これがまさに言語を使わない説得の方法です。論理ではないのです。イメージのみで説得します。論理はあとから見せ掛けでつくるわけです。

もちろん、政権がかかった選挙などではどこの国でも使われる戦略です。かつて日本の総選挙でも小泉さんの時代に「郵政民営化」とか「構造改革」などのスローガンと併せて使われた手法として記憶に新しいところです。

あなたの価値基準は誰かにつくられたものである

とはいえ、実際に選択させるのは「好み」です。我々は情動的に好みで選択を無意識にします。要するに化石燃料を燃やさないことが地球に優しい、それはアルコール燃料であるという因果を、論理ではなく情動イメージで植え付けて、無意識に選択させるように仕向けられているわけです。

そのために、化石燃料が黒い煙を出しながら燃えている映像を見せたりすることで、情動に訴えるのです。

そうやって「化石燃料は地球環境に悪い」という価値基準を1個選択させます。そうすると、その瞬間から価値基準が生まれ、物を見る目ができてきます。そこからデータをプレゼンされると、一つの価値基準でしか見られなくなるわけです。

そうやって、私たちの価値基準はつくられているのです。

そうされると、言葉を使った説得（人を説得するためにはファクトでやりましょうという方法論）は、歯が立ちません。

それを現代の巧妙な人たちはみんなやっているわけです。それが化石燃料というイメージであって、地球温暖化というその物の見方であって、そこから見ると、たとえば穀物に投機することが、投機的投資をすることがイエスになるわけです。

これが現在の、本物の説得の技術なのです。そして、首相が誕生し、また、大企業がますます儲かっているのです。

誰でも使える無意識の説得の技術

今までの例のように、全世界を巻き込むようなレベルの話ではなく、普通の人が何らかの説得をする場合も同じです。

たとえば、セールスマンが競合相手と元々共有しているごく普通の常識的な価値基準で勝負をすれば、これは単なる価格競争になるか、品質の競争になってしまいます。

価格も安くて、品質も良ければ普通は売れるはずです。

しかし、価格もうちのほうが高いし、品質も劣るのに、なぜか売れたらすごいでしょう。でも、実際にできるのです。

それはなぜかというと、品質が劣っているというのは、一つのものさしで劣っているだけで、別のものさしで優れていればいいわけです。

これがまさに代替アルコール燃料車でしょう。一つの面では劣っているわけです。何といっても値段は高いし、重たいし、おそらく狭いし、トランクは小さくなるし、加速感とか運転の楽しみはまったく期待できないし、車としての期待されるありとあらゆる品質が劣る。

でも何で勝てるかというと、本音でどうかは別として、地球環境に優しいからです。その価値基準をこっちが提示するわけです。


では、どうすればいいか？


一つのやり方は、アメリカの投機家が行っている方法。

おそらく何兆円というお金を投機することによって社会を変える。

もう一つのやり方は、**目の前にいる相手の無意識の価値基準を変える。**

この二つしかありません。

当然、私たちができるのは後者です。

相手の持っている現実世界、そのものをつくっているベースとなる価値基準があって、その価値基準は相手が世界を認識するための色眼鏡《いろめがね》になっているわけです。

その色眼鏡を取り換えさせるわけです。そうすると、自分が説得しようとしていることのほうがより正しくなる、より当たり前になっていくのです。

相手の価値基準を変える技術については次章で詳しく説明します。

ミルトン・エリクソンの最大の功績は「非言語の働きかけ」

この章の最後に、私とミルトン・エリクソンの関係について述べたいと思います。ミルトン・エリクソンは、20世紀最大の心理臨床家であり、世界的な精神科医でもあり、現代臨床催眠の父でもあります。

よく、私の本を読まれた方で、たとえば「ＮＬＰ（神経言語プログラム）とどう違うのか」などという人がいますが、これは順番が逆になります。

どういうことかというと、元々はミルトン・エリクソンの方法論があって、それをグリンダー、バンドラーという2人が勉強して、ＮＬＰができたわけです。

つまり、ＮＬＰが似ているとしたら、ＮＬＰがミルトン・エリクソンを真似《まね》したからです。

ただし、私はミルトンの長女であり心理臨床家でもあるキャロル・エリクソンに直接指導を受け、また親しい友人でもあり、ミルトンのオリジナルの方法論を受け継いでいる数少ない専門家（変性意識使い）と自負しています。

オリジナルの方法論というといい方をしているのは、日本だけでなく、本家アメリカでも、ミルトン・エリクソンの方法論は半分しか紹介されていないからです。

ミルトン・エリクソンの方法論で、本に書かれて残されているものはすべて言語によるものです。ミルトンがどうしゃべったか、どういう比喩《ひゆ》を利用したか、どういう言葉を使ったかなど、すべて言語誘導の技術についてです。

しかし、**ミルトンの仕事の重要な部分の少なくとも半分以上は言語ではありません。**私が自分のクラスで教えているのも、言語を使わない部分です。

当たり前ですが、言語を使わない方法というのは、記録に残っていません。本も出ていません。これは先生から弟子に直接伝えるしかないものです。私はミルトンからキャロルへ、そしてキャロルから私へと伝えられたと実感しています。空手や合気道を通信教育で教えるのには無理があるのと同じです。師と弟子が相対してのみ伝わる身体性があるということです。密教部分といっていいかもしれません。

ミルトンが言語を使わずにやっていたのは、無意識に対する直接的なありとあらゆる働きかけです。それにより価値基準を選ばせていたのです。

たとえば、病気の人が治らないときは、「病気の状態を維持するほうが本人にとって有利だ」という価値基準が無意識にできてしまっているわけです。「周囲に同情されるから」とか、「仕事に行かなくていい」とか、「きれいな看護師さんに面倒をみてもらえるから」とか、いろいろな理由が無意識に構築された場合です。

その価値基準を一度受け入れてしまうと、あとは言語の上でいくら説得しても無理です。

ただ彼が薬物を使わず、言語的誘導を使わないでやれたのは、無意識のレベルで、違う価値基準を選択させる戦略をしかけていたからです。「治ったほうが有利ですよ」というふうに、一度その価値基準を選択させてしまうと、あとはほとんど言語はいらなくなります。これには具体的な技術があるのです。

次章では、**紙面にできるギリギリのレベルで具体的な「相手を思い通りに動かす洗脳の技術」**を紹介していきます。

第2章

相手の「脳」と「心」を思い通りに動かす！

「脳」と「心」のカラクリ

人間は生きてきた環境の中で、さまざまな価値観や思想を形成して、自分だけの色眼鏡《いろめがね》をかけています。

もしも、仕事でもプライベートでもかまいませんが、**あなたに「思い通りに動かしたい相手」がいるならば、その相手に今までと違った色眼鏡をかけさせることで、相手を無意識的にあなたの思い通りにすることができます。**

洗脳のメカニズムは「色眼鏡」

これは洗脳と同じです。洗脳もその人がかけているのと違った色眼鏡をかけさせることで、違った世界を見せることだからです。

たとえば、あなたがあるアイドルを可愛《かわい》いと思っているなら、それは、あなたがそのアイドルを可愛く見てしまう色眼鏡をかけていることになります。

もし、突然、違う色眼鏡をかけさせられたとしたら、そのアイドルが可愛く見えなくなり、逆にこれまで気にも留めていなかった女の子が可愛く見えたりするようになります。

実際、オウム真理教の信者たちは、教祖麻原《あさはら》のことが美男に見えていました。その人の好みにもよりますが、一般的に見て麻原のことを美男だという人は少ないでしょう。オウム真理教の信者たちは、麻原によって色眼鏡をかけさせられていたのです。

世の中は洗脳だらけ！

このように、**相手の考え方や思想を変えることは、まったく洗脳と同じ**なのです。

相手に今までと違った色眼鏡をかけさせることで、あなたの思い通りに動かすのです。

ビジネスであれば、

あなたの意見に同意させるために相手の価値基準を変えることができるようになります。

プライベートであれば、

あなたに好意を抱くように、相手の心を支配することもできるようになるでしょう。

ある意味、危険な技術ともいえますが、世の中は洗脳だらけなのです。なぜなら、**あなたの現在持っている価値基準でさえ、何者かに洗脳された結果である可能性が高い**からです。

それは、親かもしれませんし、マスコミかもしれません。そもそも、「代替アルコール燃料よりも石油が環境に悪い」と思ってしまう人たちも、そう思わせたい人たちによって洗脳されているのです。

ですから、これは洗脳技術というよりは、洗脳防御技術といったほうがいいでしょう。他人に色眼鏡をかけ替えさせられるということは、自分の色眼鏡を外すことができる、もしくは、色眼鏡をかけさせられようとしていることに気が付くことができるということだからです。

洗脳と催眠の違い

少し話はそれますが、よく、

「洗脳と催眠は同じですか？」

と聞かれることがあります。

確かに、洗脳と催眠には共通点があります。それは、どちらも本人に自覚がないという点です。

催眠にかかっている人に、「あなたは催眠にかかっていますよ」といっても、「そんなことはない」と否定されるはずです。もちろん、洗脳にかかっている人に、「あなたは洗脳されていますよ」といっても、「そんなことはない」と否定されるでしょう。

では、違いは何か？

それは、**催眠はさめるが、洗脳はさめない**ということです。

通常の催眠であれば、一晩寝てしまえばさめますが、洗脳はどれだけ寝てもさめません。

ですから、洗脳を解くというのは大変なのです。

相手を動かすために知っておくべき「脳」と「心」のメカニズム

ここでは、相手を動かすために知っておくべき概念について説明します。
それは、

①変性意識
②内部表現
③ホメオスタシス

という三つの概念です。
一つずつ詳しく見ていきましょう。

変性意識とは？

まずは変性意識です。変性意識というのは、研究上の定義でこう呼ぶようになりました。「Altered States of Consciousness」。「Altered」は「変えられた」、「States」は「状態」、「Consciousness」は「意識」ですから、正確にいえば変性意識状態です。

変性意識とは、臨場感（＝リアリティ）を感じている世界が、物理的な現実世界ではなく、仮想世界にあることを指します。

もちろん変性の程度に違いはあります。深い変性意識状態をトランスといいますが、これは物理的現実世界よりも仮想世界の臨場感が上がってしまったときのことです。

ほんの少しでも物理的現実世界ではない世界に臨場感を感じたら、定義上、変性意識状態です。

あなたは常に変性意識状態にある

ですから、言葉を話すこと、それを聞いて認識するということは、言葉の世界という仮想世界に臨場感が生まれている状態のことであり、変性意識状態です。

たとえば「今日の晩ご飯は何にしようか」などと考えた時点で変性意識状態です。なぜなら思考というのは、抽象空間だからです。思考してしまったら、変性意識状態です。

たとえば「この壁は茶色の壁です」と実際に目の前にある物理的現実世界について思考していたとしても、変性意識状態です。何も考えずに、ありのままに感じた物理的現実世界ではないからです。一度、思考という抽象空間を通した物理的現実世界だからです。

一切ものを考えず、五感で感じた情報を一切吟味しないことが通常意識状態ですが、そんなことは禅の高僧くらいしかできません。一般の人は無理です。5秒で雑念が入ります。

ということは、**我々にとって、変性意識状態こそ、通常の状態ということになります。変性意識というのは決して特殊な状態ではない**ということを押さえておいてください。

映画を見ているときはトランス状態

変性意識状態の程度がだんだん深くなって、物理的現実世界と同じくらいか、それ以上に仮想世界の臨場感が高いときのことを**トランス状態**といいます。**映画を観ているときは変性意識状態であり、さらにトランス状態です。**

映画世界の臨場感のほうが、映画館のいすに座っているお尻の感触よりはるかに強いわけです。催眠状態や夢を見ているときも同様です。

もちろん、テレビ、漫画、小説……に没頭しているときも同じです。映画を観て泣いたり、漫画を読んで笑ったりするのは、仮想世界に臨場感を感じているからなのです。

カルトに洗脳された人は、カルトによってつくられた仮想世界に強い臨場感を感じています。麻原が美男に見えるのも、それが原因です。

間違いなく幻覚なのですが、平凡な容姿の教祖に魅力を感じたり、両親が悪魔に見えたり、霊が見えたりするのも、変性意識下においては物理的現実世界以上に仮想世界に臨場感を感じてしまうからなのです。

ですから、どれだけうまく、なおかつ深い変性意識下に相手を置けるかで、相手に色眼鏡をかけさせられるかどうかの成否が決定するのです。

相手を変性意識下におくことで、あなたの思い通りに相手を動かすことができるようになるというのは、専門家の間では当然長年知られてきていたことです。

しかし、これが社会に最近大きな影響を与えるようになってきたのは、カルトなどの問題が社会問題化してきたことと、エリクソン派などの「変性意識使い」の技術が日本でも容易に学べるようになってきたからです。本書には、こういった日本の社会においての護身術の指南書の役割もあるのです。

変性意識下では必ず「ラポール」が発生する

ところで変性意識下では必ずラポールが起こります。

ラポールとは、

「臨場感空間を共有する人たちの間で生まれる独自の親近感」

のことをいいます。ここでいう臨場感空間とは、物理的現実世界だけでなく仮想世界も入ります。

ラポールが発生すると、相手はあなたに親近感や好意を抱くようになるので、あなたの要求も通りやすくなります。

ですから、相手をまずは、

・変性意識下に置く

↓

・ラポールを発生させる

というステップを踏むことにより、相手を思い通りに動かすための前提条件が揃《そろ》います。

ストックホルム症候群

ラポールが顕著に表れたケースとして有名なのが、私がいつも例に出す「ストックホルム症候群」です。

「ストックホルム症候群」とは、誘拐された人が誘拐した人を好きになってしまう現象のことです。これは、誘拐や監禁などで犯人と接触する時間が長い場合に起こります。

1973年、ストックホルムの銀行を強盗が襲い、犯人は数人の人質をとって立てこもりました。警官隊と何度も衝突を繰り返し、人質が解放されたのは、事件発生から1週間後。

しかし、人質を解放したあと、事件関係者は不思議なことに気付きました。当然、犯人を憎むはずの人質が、口々に犯人をかばうような証言をしていたのです。それだけではなく、「感謝されるはずの」警察に対して、侮辱するようなことさえ口にする人もいました。

しかも、事件が解決したあと、人質の1人であった女性が、犯人グループの1人と結婚してしまったのです。これが、最初に有名になった「ストックホルム症候群」です。

実は、これにはカラクリがあります。

怖がらせること自体が、物理的現実世界の臨場感から切り離す技術なのです。

恐怖を強く感じると心の防衛本能が働き、物理的現実世界の臨場感が思いっきり下がります。ということは、強烈なトランス状態です。

実は、トランス下においては必ずラポールが生まれるのです。その深い変性意識を引き起こした相手にラポールが生まれます。

ですから、**成功している占い師というのは「脅し屋」**です。「あなたの墓はとんでもないです」といって墓石を売り付ける人が多いのです。

脅しがうまいわけです。伝統的な催眠では驚愕法といわれていますが、強烈なトランスになります。強烈なトランスは強いラポールを生みます。

「内部表現」こそがあなたの視ている世界

次に内部表現の話をします。内部表現という言葉も、先ほどお話しした変性意識と同様、伝統的な心理学、認知科学の研究史上の用語であるため、誤解を招くかもしれません。

内部表現というと、まるで外部表現もしくは外部世界があるように思われがちですが、そのようなものはありませんと先にお伝えしておきましょう。

では、内部表現とは何なのでしょうか？

内部表現とは、

「あなたが見ている世界そのもの」

ともいえます。

今、あなたが見ている世界は、眼球を通して光が受容され、脳の視角野で神経が活性化し、その賦活《ふかつ》結果が脳の各局所で認識されることで構築されています。

つまり、目に見える風景、恋人の姿などは、すべて脳というフィルターを通して認識しているのです。

内部表現には、物理レベルの情報だけでなく、概念や感情などの心理レベルの情報も含まれてきます。

フランス人には風鈴が見えない

たとえば、先日、フランス人と食事に行ったときのことです。

その和風レストランは、個室になっており、その個室には風鈴が飾ってありました。しかし、そのフランス人たちは、私がその風鈴について説明するまで、風鈴が見えていなかったのです。目の前にぶら下がっていたにもかかわらず。

現実的物理世界において存在していた風鈴であっても、フランス人の脳のフィルターを通すと見えなくなってしまっていたのです。

つまり、風鈴という概念を知らないために、フランス人の内部表現に風鈴は存在しなかったのです。

このことでもわかるように、日常的に私たちが生きている世界は、物理世界が、それぞれの人の経験や知識内容、個々の存在のその人にとっての重要性によって、異なって認識された内部表現世界であるということです。

要するに内部表現とは、

「あなたの脳と心が認識している、この世界のすべて」

なのです。

内部表現の書き換え

この内部表現があるからこそ、人間はそれぞれ違う見方をしています。ある女性が可愛く見える人もいれば、そう見えない人もいます。ある風景が懐かしく思える人もいれば、そう思えない人もいるのは、すべて内部表現によるものです。もちろん、あるものが見えたり見えなかったりもするのです。

そして、この内部表現は、物理的現実世界だけでなく、映画や小説といった仮想世界にも適用されます。

たとえば、小説は言語で表現されており、物理的現実世界ではありません。それにもかかわらず、私たちはその世界に臨場感を感じて認識することができます。主人公の恋人が死ねば、その光景を頭の中に思い浮かべて、その世界に臨場感を持ち、つい泣いてしまう。

これは、人間は仮想世界においても、内部表現が適用されるということを示し

ています。ということは、

「物理的現実世界も仮想世界も内部表現である」

という見方をすれば、どちらも同じと考えることもできるのです。

洗脳では、洗脳する側がつくり上げた仮想世界に臨場感を持たせることで、相手の内部表現を書き換えます。簡単にいうと、自らつくり上げたイメージの世界に、相手が強烈な臨場感を持つように誘導するのです。

その結果、強いラポールを形成して、その擬似的《ぎじてき》な圧倒的信頼感を利用し、相手の内部表現世界を書き換え、それを操作することで、相手が指定された内部表現状態に合わせて自律的に行動するように仕掛けるのです。

それが、**違う色眼鏡をかけさせる**ということです。というのは、単に行動が制御されるというレベルではなく、見えるものそのもの、認識される世界そのものが書き換えられるからです。

おわかりの通り、**内部表現の書き換えは、いわゆる洗脳だけでなく、ビジネスやプライベートといった日常において、相手を思い通りに動かす必要があるときにも、利用可能である**ということはいうまでもありません（より具体的な方法は本章の最後で述べたいと思います）。

内部表現の書き換えで病気も治る！

たとえば、「これは頭痛に効く薬です」といって偉いお医者さんからビタミン剤か何かをもらって飲むと、本当に治ります。

これが、プラシーボ効果（偽薬効果）といわれるものです。

実は内科薬の効果の多くはプラシーボ効果です。ある大学病院の内部調査の結果では、内科の誤診率は良くて7割です。3割くらいしか、最初から病名すら当たっていないわけです。

つまり、最初から3割しか何の病気かわかっていないので、薬もまずは7割ハズれます。ハズしてたら本来は効くわけがありません。さらに実際診断が当たっていたとしても、現在の医学のレベルでは薬の効く病気はその半分程度です。それなら医者にかかっても1割、2割しか病気は治らないことになってしまいます。

しかし、実際は、かなり薬で治っています。もちろん、自然治癒ということもありますが、内科薬効のかなりの部分が、プラシーボ効果であると考えられます。

これは現代内科医療だけではなく、いわゆる東洋医学などの代替統合医療などでも同様と考えられます。というよりは、代替医療の重要な効果そのものがプラシーボ効果というべきかもしれません。別にそれが悪いということではなく、だからこそ、医師の内部表現書き換え能力の有無が大きな差を生むということです。

実際、私のクラスにも、東洋医学、西洋医学を問わずあらゆる分野の臨床家がたくさんきており、彼らから内部表現書き換えによって、明らかに治癒率が向上していているとの報告をコンスタントに受けています。

プラシーボ効果は内部表現の自然な操作です。偉い医者から薬を渡されれば、

「頭が痛い」という内部表現状態をあわてて消さなければならなくなります。だから頭痛は治ります。**ガンだって治る可能性はあります。**心と体は連結しているからです（というよりは、心と体は同じものの異なる抽象度の記述にすぎないというのが私の立場ですが）。

ですから、プラシーボ効果が効くというのは悪い話ではありません。病気状態を望ましい状態に書き換える、という内部表現の書き換えなのです。

「ホメオスタシスの同調」を利用する方法

最後にホメオスタシスについて説明します。

ホメオスタシスとは恒常性維持機能のことをいいます。これは、生体をより長く生きながらえさせるために、生体の安定的な状態を維持しようとする傾向のことです。

人間は生きていく上で、無意識レベルで体内のさまざまな機能が安定的に活動しています。体に負荷がかからないように、呼吸や心拍が一定のリズムで保たれているのもホメオスタシスが働いているためです。

また、ホメオスタシスは外的な要因にも反応します。

たとえば、外が暑ければ、体はあわてて汗をかかなければなりません。内部表現の中に「外は暑い」という情報の書き込みがあったからです。

もう少し詳しく説明すると、人間は気温が上昇すると、その情報が全身の神経を通じて脳に伝えられます。すると、脳からは「発汗せよ」という指令が出て、皮膚から汗が出てきます。

これは、脳内で「気温が上がった」という内部表現の書き換えがあり、それに合わせて生体の安定的な状態を維持しようとするホメオスタシスが働いて発汗したと説明できます。

ホメオスタシスは情報空間にまで広がっている

さらに人間のすごいところは、情報空間にまでホメオスタシスが広がっているということです。

内部表現が仮想世界にも適応するのと同じように、ホメオスタシスも仮想世界に適応するのです。

たとえば、「小説を読んで泣く」というのは、内部表現に描かれた世界にホメオスタシスが反応しているからです。小説の世界は、仮想世界であり、情報空間です。

ホラー映画を見て、鳥肌が立つというのも同じです。あくまでも映画の中でつくられたストーリーですから、どんなに怖かったとしても生体が危険にさらされているわけではありません。ですが、ホラー映画から受け取った情報に脳が反応して、生体に変化を引き起こすわけです。

このように、人間のホメオスタシスは、物理的な環境の変化に対してだけでなく、進化の過程で「環境」を物理空間から情報空間にまで広げることに成功したのです。

ホメオスタシスは同調する

さらにホメオスタシスがすごいのは、他人に同調するという特徴があることです。

たとえば、2人の人間が長い間一緒にいると、呼吸や心拍のリズムが同じになります。これは、自然とホメオスタシスが同調していることを示しています。前述しましたが、女性同士の場合は、生理周期が一致することが知られています。

ということは、**自分自身のイメージさえ自由にコントロールすることができれば、何もしなくても相手の世界に割り込み、影響を与えることができることになります。**

洗脳は、術者がつくり上げた内部表現をホメオスタシスの同調を利用して、他人に移植しているのです。

いかがでしたでしょうか？

①変性意識
②内部表現

③ホメオスタシス

の三つを覚えておいてください。

次項では、具体的な内部表現操作のテクニックを紹介します。

情報空間を支配するテクニック

第1章の冒頭で説明したように、人間は情報空間において巨大な身体を持った人間に同調していきます。

情報空間の支配者になると、相手は思い通りに動くということです。

それにより、あなたが説得したいと考える相手が持っている現実世界そのものを構築している価値基準が書き換わり、あなたが説得しようとしていることのほうが必然的により正しくなる、より当たり前になるということです。

ですから、まずは情報空間を支配し、説得したい相手の基本的な価値基準を変える。そのためには、これから選ばせる価値基準を相手にとって身体的により慣れ親しんだ空間にしてあげる必要があります。

「リラックス」の認知科学的意味

では、どうするか？

まず、最初にやることはリラックスです。自分の身体と相手の身体は同調していないといけません。

あなたがつくる世界で説得したい相手に臨場感を感じてもらう必要があるからです。身体的に慣れ親しんだ空間というのは、より臨場感を感じることができる空間ですから、まずはリラックスさせる。別のいい方をすれば、体が緊張しているときは、物理世界に臨場感があるということですから、あなたがつくる仮想世界に臨場感を感じることが難しくなるのです。

そこでまずはあなたが徹底的にリラックスします。前述したようにホメオスタシス同調によって、**あなた自身がリラックスをしていると、相手も自然にリラックスします。**

ですから、まずはあなた自身がリラックスする。

リラックスする方法としては、私が多くの本で書いている**「逆腹式呼吸」**が効果的です。息を吐きながら、体をゆるめる呼吸法です。息を吐きながら、おなかがふくらむ感じで呼吸してみてください。

通常、人間は、息を吸うときに体をゆるめ、息を吐くときに緊張します。ですから、その逆をする。息をゆっくり吐き出しながら、頭のてっぺんから順番に体をゆるめていきます。頭のてっぺんから首、肩、腰、つま先まで徹底的に体をゆるめます。

呼吸が順腹式なのか、逆腹式なのかということにこだわる必要はありません。**重要なのは、息を吐き出しながら徹底的に体をゆるめること**です。吸うときは勝手にゆるむので特に意識する必要はありません。完全にあなたの体がゆるむまでリラックスをします。その状態で相手の目を見ます。

見るといっても相手のどちらかの目を見るわけではありません。目そのものを見ると、自分の視線が定まらなくなりますから、相手の目と目の間を見ます。目と目の間を見ると、視線は定まります。また、相手のほうは、自分の両目をそれぞれのぞき込まれているように感じます。

相手の目と目の間を見て、自分の全身をさらにゆるめ、息を吐きながらリラックスをもう1段深める。そうすると相手もどんどんリラックスしてきます。

同様に、しゃべる声もだんだん速度を少しずつゆっくりしていく。それと声の音程も少しずつ落としていきます。

そうやって、速度と音程をだんだん落としながら、自分はさらにリラックスを深めていきます。

相手のリアリティをゆらがせる　～Rゆらぎ～

リラックスの次にやってほしいのが、**「Rゆらぎ」**という技術です。すでに私

の著書では何度も紹介していますが、

「情報空間は、Rをゆらがせた者のものになる」

からです。

Rは Reality つまり、本人が現在臨場感を感じている現実世界のことです。このリアリティをゆるがすテクニックが「Rゆらぎ」です。

「Rゆらぎ」の基本は、相手が現在感じているに違いないこと、見ているに違いないもの、それをすべて言葉にしたり、ジェスチャーにしたりして、相手の無意識に提示してあげることです。

たとえば、

「あの絵すてきですね」

「このソファの座り心地いいですね」

「暑いですね」
「外がうるさいですね」

といった具合に、言葉にしたり、

・相手が足を組んでいれば、同じように足を組む
・相手がコーヒーを飲んだら、同じようにコーヒーを飲む

……といったように、ジェスチャーにして見せるのです。

これは、まさにNLPやエリクソン派などでペーシングとかミラーリングとかといわれているもののルーツになります。「Rゆらぎ」という名前は、ミルトン・エリクソンの基本的な方法論に私がかつて命名したものですが、ペーシングやミラーリング、また、ヴィッパサナー瞑想などの観行瞑想《めいそう》や歩行禅の方法論なども、すべて「Rゆらぎ」技術として統一的に説明できます。

催眠術において催眠術師のほうが被験者よりも心のコントロールがうまいのは、術者のほうがその人の心をよく見て気付かれず、上手にRをゆらがせているからです。

伝統的なヒルガードの形式催眠などにもある、一点を長時間見つめさせて目を疲れさせておいて「だんだんまぶたが重くなる」というのも、両手のひらと指を組んで両手の人差し指だけ伸ばして、少し間をあけさせて、その指先を見させながら、「右と左の人差し指がだんだん近づいてくる」というのも、Rゆらぎ技術です。

長時間一点を見ていれば目が疲れてだんだんまぶたが重くなるのは当たり前だし、手を組んで指先を広げればだんだんくっついてくるのは当たり前です。これを、目で見させて、起きていることをありのままに言葉で記述するとRゆらぎ技術になります(次で述べるモーダルチャンネルの変更もこれには複合的に含まれていますが)。「ゆらがせる」というのは自分が介入したことによって、新しい内部表現世界をつくりあげる行為になるので、その世界が内部表現をつくり上げた人のものになるのは当然です。

モーダルチャンネルを変える

まず相手が座っている格好をしていれば同じ格好で座ってあげる。相手が今いすに座っているのだったら、いすの感触についてしゃべってあげる。これはRゆらぎの技術です。ただ、これが特にうまくいくのは、起きている現象と違うモーダルチャンネルを経由して内部表現を記述してあげる場合です。

モーダルチャンネルとは、人が認識をするための情報の入り口のことです。通常は五感プラス言語の六つになります。

お尻でいすの感触を感じているというのは、お尻の神経細胞が感じているわけです。それを言葉にして、お尻の感触について、ソファについてでもいいし、お尻の感触について語ってあげる。

いわれた瞬間に相手は、五感で感じていた無意識を言語で認識することになります。これを、

「モーダルチャンネルが変わった」

といいます。

モーダルチャンネルを変えるということは、相手が臨場感を感じているのとは違うところから臨場感を記述することになります。

通常、相手が五感で感じていることを言葉で提示することで、相手は五感で認識している世界ではなく、言語の世界に臨場感をより感じるようになっていきます。

つまり、**体が感じている臨場感から、言語の世界に臨場感が移動するわけです。**

しかも、こちらが発した言語の世界に臨場感を感じるということは、こちらの支配している情報空間に相手の臨場感が移行します。

自分が支配している情報空間に相手の臨場感を移行させるわけですから、相手の内部表現が書き換え可能になります。

銀行員と日経新聞

ですから、**まずは逆腹式呼吸を使ってリラックスし、相手もリラックスしてきたなと思ったら、ゆっくりとした声、それもできるだけ低めの声で、相手が見ているに違いないものについて語る。**

コーヒーカップが置いてあったらコーヒーカップについて語る。相手が肌で感じているに違いないもの、暑そうだったら温度について語る。それはごく普通の世間話に交えてするのがいいでしょう。

たとえば、銀行員はその日の日経新聞の記事について語りたがりますが、それは一つの方法論としては間違いではありません。というのは、一つの経済問題という仮想的な空間を共有することになるからです。

物理空間から臨場感は離れるわけですから、それはお友だちになるならいいでしょう。ラポールが築かれやすくなるからです。

しかし、これは自分が支配している空間ではありません。日経新聞の記者が支配しているかどこかの企業が発表している情報です。これでは、あなたがその空間を支配することはできません。

ですから、日経新聞について話す時間があるなら、机の上に置いてあるものについて話したほうがいいし、相手がお尻で感じている感触や、肌で感じている感触、今聞いている音について語ってあげたほうがいいでしょう。

相手の考え方を支配するテクニック

「Rゆらぎ」は、情報空間を支配するテクニックです。

相手を思い通りに動かすには、情報空間を支配したあとに、相手の内部表現を書き換えて、相手の価値基準を変えていく必要があります。

内部表現の書き換え方法は、私のクラスやセミナーではいくつも紹介していますが、本書ではページの都合上**「カタレプシー」**というテクニックを紹介していきます。

しかし、その前に、人間がどのようにして、自分自身の価値基準を構築するかを説明します。

価値基準を形づくる複数の「サブパラダイム」

人間は持っている価値基準の中に、いくつもの**小さな価値基準（サブパラダイム）**を複数持っています。

これはどういうことかというと、人間はいくつものサブパラダイムを構築して、一つの価値基準をつくっています。

ですから、私は通常、そのサブパラダイムの1個1個をつかんでいって、そのサブパラダイムを再合成し、全体の価値基準をもう1回つくり直すことで、相手の価値基準を変える方法を教えています。

なぜなら、いきなり全体の価値基準をバーンと引っくり返すのは、よほど上手なテクニックがないと難しいからです。

しかし、サブパラダイムを1個1個相手の臨場感空間に引き込んでいって、それを違う組み合わせにして再構築することで、全体の価値基準を変えるのは比較的容易です。

これは**ゲシュタルトを再構築すること**ともいえます。**ゲシュタルトとは部分を全体として安定的に統合維持している状態です。**

無意識は常に一つのゲシュタルトに安定化しようとする傾向があります。これが情報空間でのホメオスタシスです。

違うゲシュタルトを選択させて、臨場感空間の価値基準を変えることが、基本的なテクニックになります。

「フレーム」の組み合わせをコントロールする

では、最初に何をやるかというと、相手がコミットしているサブパラダイムを探します。サブパラダイムは、「フレーム」ともいいます。

たとえば、ファストフードに行くときは、オーダー、ペイ、イート。まずオーダーして、それからお金を払って食べます。しかし、高級レストランの場合だと、オーダー、イート、ペイになります。

こういう一連の形を「フレーム」と呼びます。人間は1個フレームを選ぶと、行動がそのフレームの中で支配されます。

つまり、**あるフレームを選んだ瞬間に、そのフレームが完結するまでは、そのフレームに支配されてしまう。人間の脳は、「一連の動作はすべてワンセットである」として記憶、認識しているからです。**

ということは、そのフレームをうまく組み合わせてあげると、相手の行動がどうなるかが決められるし、予測ができるようになります。ですから、フレームの組み合わせ方をこっちがコントロールすることで、相手の価値基準を変えることができます。

「カタレプシー」の具体的なテクニック

フレームの組み替えには、当然、テクニックが必要です。

たとえばフレームを1個選ばせて、そのフレームにコミットさせるというのもテクニックの一つです。ここでコミットというのは、そのフレームの出来事の臨場感を上げるぐらいに理解してください。

一つのフレームにコミットすると、そのフレームを維持するしかないから、行動が全部こちらの予想通りの行動になるわけです。

もしくはそのフレームからわざと途中で中断して切り離すというテクニックもあります。これにより相手の内部表現を切り離し、臨場感空間を相手が支配できない空間を一瞬つくって、それをこちら側が取るという方法もあります。

エリクソン派の「カタレプシー」というテクニックです。

たとえば、名刺交換するときに、名刺を渡す。相手が取ろうとした瞬間に、一瞬だけちょっと手を引く、引き戻す。

そのときに単に引き戻すと、「何?」と思われるけれど、たとえば自分の名刺を見ながら引き戻す。自分の名刺の電話番号か何かに間違いを発見したかのように一瞬引き戻せば違和感はないでしょう。

しかし、相手は名刺を取ろうとしたまま、空中で手は止まっています。もちろん、体は動きません。

名刺交換のときの「名刺をお互いに交換し合うというフレーム」を中断されてしまっているわけです。

これが内部表現の切り離しで、本人がそれまで維持してきた自分の心的モデルの中から、手の位置が、手の運動の情報が切り離されてしまったのです。ですから、手は空中で止まっているまま。ずっとこっちが名刺を見ている間、相手は待っているわけです。

もちろん、そのあとは手を戻してまたフレームを再開しますから、それでタイムマシンのように2秒、3秒、途中で中断があったことには気が付きもしません。

メッセージを投げ込むタイミング

そして、次のステップでフレームを中断した瞬間に、メッセージを投げ込みます。これにより、相手の内部表現は書き換えられる可能性が高くなります。

たとえば、フレームを中断したときに、

「どうぞ、緊張せずにリラックスしてください」


といってあげれば、相手はリラックスし、**あなたは臨場感空間の支配者**になっているわけです。

さらに、もっと直接的な暗示を入れてもかまいません。

たとえば、ビジネスの場面であれば、

「今日は素晴らしい商品をお持ちしました」

といえば、相手の内部表現に**「今日の商品は素晴らしいのだ」**と書き込まれるのです。

実際、街で配られているティッシュを受け取ろうとした瞬間に手を引き戻され、気付いたらそのまま新興宗教のようなところに連れていかれたという話を聞いたことがあります。

サブパラダイムを再構築する

このようなフレームの中断をどんどんどんどんやっていき、相手のフレームを崩して、つないでいく。それによって自分のリアリティのほうにどんどんどんどん相手の臨場感空間が変わっていきます。

たとえば、最初に会ったときの名刺交換のときに、相手にのんでもらいたい大きなメッセージを投げ込みます。それは、「今日は良い商品を持ってきました」でもいいでしょう。

相手の無意識に「良い商品」という価値基準をコミットさせておくことで、相手の無意識はずっと中断され、そのフレーム（「良い商品」→「契約する」）が終わるまでまったく無防備な受け入れ状態になります。

大きなフレームとして、すごく良い商品があれば契約をするというゲシュタルトを構築しているという前提です。

そのあとは、会話の中で、いくつものフレームの中断を入れていきます。その中断の瞬間、あらゆるメッセージを投げ込んでいきます。たとえば、ライバル商品のデメリットなどをさりげなくメッセージとして投げ込むこともできるでしょう。

もちろん、名刺交換は最初しか使えないので、フレームを中断する他の方法を使います。お茶を入れたり、何かを取りにいったり、タバコの火をつけようとしてやめたり……などフレームの中断をいくつも用意しておきましょう。

こうやって、いくつものサブパラダイムを再構築することで、全体としての相手の価値基準そのものを変えていくことができるのです。

もちろん、カタレプシーを使わなくても、「Rゆらぎ」など情報空間における支配者になるだけでも、あなたの影響力は大きく変わるはずです。

本書では、ここまでで相手を動かすテクニックの紹介は終わります。ページ数の都合上、基本的で比較的安全なテクニックだけになってしまいましたが、かなり使えるテクニックなので、ぜひ実践してみてください、

上級テクニックは私のクラスやセミナーでぜひ体験してみてください。

では、次章からは、**思い通りの人生を送るために知っておくべき目標達成方法**を紹介します。ここまでに書いたホメオスタシス、内部表現といったものが、どう人生に影響し、生かすことができるかも書いていますので、楽しみにしてください。

第3章

思い通りの人生にするための「脳」と「心」の洗い方

人は重要なものしか見えない！

突然ですが、少し実験をしてみたいと思います。

もし可能なら、ペンなどの書くものと紙を用意してください（電車などでこの本を読んでいて用意できない人は、そのまま読みすすめてもらってかまいません）。

腕時計を持っている人は腕時計、持っていない人は携帯電話のデザインをできるだけ正確に思い出して書いてください。

見てはいけません。

時計を持っていない人は、携帯電話の表面のデザインでやってみてください。
2、3分ですぐ書いてみてください。バンドのデザインや数字。数字は算用数字だったり、ローマ数字だったりいろいろだと思います。秒針の長さなどもです。

確認してみてください。書けましたでしょうか？

この実験をセミナーやクラスでやると、ほとんどの人が間違えます。

ほとんどの人が3〜6カ所以上間違えます。

これは、なぜでしょうか？

腕時計は、1日に何度も見ているはずです。人によっては、10年以上している時計を間違えます。

そして、次に、「いま時間は何時だった？」と質問します。

そうすると、今度もまたほとんどの人が、時間を覚えていません。時計のデザインを確認するために、時計を見た直後なのにもかかわらずです。

あなたが「見えているもの」は想像以上に少ない

この実験で何がわかるかというと、

- **人は重要なものしか見えない**
- **人は見る準備をしているものしか見えない**

ということです。

時計のデザインは、時計を買うときはとても重要だったはずです。しかし、日常生活の中で、時間を確認するためだけに時計を見るようになっていくと、デザインの重要度は低くなっていきます。するとデザインは見ているつもりになっているだけで、見ていないのです。

ですから、最初の実験で多くの人が時計のデザインを間違ってしまうのです。

そして、2番目の質問では、デザインの確認のために時計を見ていたので、時間は重要ではなくなり、時間を見ていなかったことになります。

時計を見ていたのだから、目には入っていたはずなのに時間を見ていなかったのです。

このときは、デザインが重要で、時間は重要ではなくなっていたからです。

「ロック・オン」「ロック・アウト」

このことでわかるのは、私たちの脳は、

・一つの情報に集中してしまうと、他の情報が見えなくなってしまう

ということです。

重要だと思う一つの情報に集中してしまうと、他の情報は排除されてしまうのです。**これは、とても危険です。ビジネスや人生においても同じことが起きているからです。**

多くの人が一つの側面からしか物事が見えなくなってしまい、何か問題が起きていても問題が起きていることさえ見えないのです。まさに、一つの重要性という色眼鏡をかけてしまうのです。そしてそこにある、情報が見えなくなっているのです。

見ているものがすべてだと思わないでください。
見えているものがすべてだと思わないでください。

見えていないだけで、目の前にたくさんの貴重な情報があるのだと知ってください。そしてそれを見えなくしているのは、みなさんが過去につくってきた「これが重要だ」「あれが重要だ」という信念です。自己イメージといってもいいでしょう。これが色眼鏡をつくっているのです。

そうなると、人生やビジネスにおけるチャンスや問題解決の方法が見えなくなってしまう。「ロック・オン」されてしまう。

あることをロック・オンしてしまうと、他の情報はロック・アウトしてしまうのが私たちの脳なのです。

心理的盲点「スコトーマ」

このことを**「スコトーマ」**といいます。

これはギリシャ語が語源で「盲点」のことです。

眼科の医学用語で、視覚の盲点のことです。ただし、世界的な心理学者であり自己啓発界のアメリカの権威であるルー・タイスがそれを心理学用語として使い始めました。

いわゆる心理的盲点のことをスコトーマといっています。

この時計の実験でもわかるように、私たちの世界はスコトーマだらけです。普通、毎日何回も見ている時計ぐらいだったら描けると思ってしまいますが、実際ちゃんと描ける人はほとんどいません。

ということは、自分が見ている世界は、ボロボロと情報が抜け落ちた世界だということです。

ですから、まずは、あなたの見ている世界はスコトーマだらけだということを認識してください。

そして、そのスコトーマだらけの世界がどういうふうに出来上がってきたかということを少し説明します。

そのキーワードは**「重要性」**です。さらにその重要性はリアルタイムで変わります。突然時間が重要ではなくなって、デザインが重要になったりすることがあるのと同じです。

そして、スコトーマについての重要な概念は、

・私たちは何が本当に欲しいのか知らない

ということです。

とりあえず現状というものが与えられていて、その現状の中で、これが欲しいと思っているだけなのです。逆向きのいい方をすれば、思わされているだけ。意図的に誰かが思わせているとは限らず、社会そのものが思わせているだけかもしれないし、もしかすると学校の先生や両親に思わされていたのかもしれないし、広告代理店に仕掛けられて思わされているのかもしれないし、テレビの見過ぎで思っているのかもしれません。

私たちは何が重要であるという信念を子供のときから、誰かに知らず知らずのうちに埋め込まれてきているのだ、ということをしっかり認識してください。つまり、本当に欲しいもの、重要なものは自分自身が知らない可能性が高いのです。

人は目で見ているわけではない

なぜ、スコトーマができてしまうのかを、少し脳と心のメカニズムから解説します。

人は、目で見ているわけではありません。確かに光は目に入ってきます。しかし、脳の中で入ってきた光を変換しています。今まで条件付けされたことや教えられたことをもとに変換されるのです。

それらが目から入ってくる情報とそぐわなければ、脳は見えなくしてしまうのです。今の現実と合わなければ、光を排除してしまうのです。

つまり、脳は見るものを決めてしまっていて、それ以外を排除しているのです。

ですから、ある問題が発生して、解決が不可能だと感じてしまったら、脳は解決方法が見えなくなってしまうのです。たとえ、解決方法が目の前にあったとしても。

繰り返しますが、聞くこと、見たことに対して、それがすべてとは思わないでください。なぜなら、その瞬間、あなたは見えないものがますます多く生まれてしまうからです。

たとえば、親や先生、新聞やインターネットの情報も、それがすべてだと思わないようにしましょう。そうしないと、すぐに脳と心はロック・オンされてしまって、他の情報が見えなくなってしまうからです。

ですから、「自分にはスコトーマがある」ということを念頭において生活するようにしてください。

私たちは自分が真実だと思うことをもとに行動をしていますが、それが本当の真実だと思わないことです。

私たちにとっての真実とは、「私たちが真実と思っていること」にすぎないのです。もちろん、その信念のもとになったものというのは、常に時代遅れであるというのが現代社会です。

しかし、多くの人が、自分の信じている真実が永遠ですべてというように思い込んでしまっています。

コンフォートゾーンの罠《わな》

繰り返しますが、スコトーマの重要な概念は、

・**私たちは何が本当に欲しいのか知らない**

ということです。

スコトーマというのは、現状の中にいると見えないものすべてです。それは現状の中が自分にとって慣れ親しんだものであり、私たちは慣れ親しんだものを重要と考えるからです。自分の両親のほうが知らない人たちよりも重要なのと同様です。

ルー・タイスの用語でいうと、**「コンフォートゾーン」**です。自分の心地よい領域、つまり、**現状というのはコンフォートゾーン**なのです。

たとえば、普段生活しているところ、家、普段通っている学校、普段行っている会社、周りの同僚。そこの空間がコンフォートゾーンです。

行きつけの飲み屋にいるとなんとなく安心するけど、初めての飲み屋に行くとなんとなく不安なのと同じです。要するに、常に慣れ親しんだところが安全であって、安心だと私たちの脳と心は考えるわけです。

コンフォートゾーンでこそ力を発揮できるが……

当然コンフォートゾーンにいるときは、リラックスしている状態になります。リラックスした状態というのは、副交感神経優位な状態になります。

実は、私たちは、リラックスした状態のときしかパフォーマンスを発揮できません。

たとえば、サッカーなんかを見ていても、ホームは強いけどアウェイは弱くなってしまいます。まさに、ホームはコンフォートゾーンなわけです。

ですから、**まずはパフォーマンスを発揮するためにはコンフォートゾーンの中にいないといけない。**

だから、私たちの脳と心は、現状維持を望むのです。ホメオスタシスの力です。

コンフォートゾーンにいるときは一番力が発揮できるわけですから、何もしない現状維持を望むわけです。

年収500万円を年収2000万円にする方法

たとえば、**年収500万円の人が年収2000万円になりたいと考えた場合、コンフォートゾーンを年収2000万円のところに持っていく必要があります。**

現状の年収500万円がコンフォートゾーンなのですから、彼は年収500万円の世界しか見えないわけです。目の前に、年収2000万円のチャンスがあっても、スコトーマによって見えなくなっているのです。**現状がコンフォートゾーンであり、コンフォートゾーンの外側はスコトーマで見えないからです。**

しかし、**ここでもホメオスタシスが働きます。**ホメオスタシスとは現状を維持しようとする強い機能です。

ホメオスタシスによって、コンフォートゾーンから抜け出せなくなっているのです。

たとえば、テストの点数で考えてみましょう。

ある学生が「自分はだいたい60点くらいの人間だ」と無意識に思っているとしましょう。

この学生があるとき、90点を取るとどうなるでしょうか?

次のテストでは、きちんと30点を取ってしまうのです。そうやって、コンフォートゾーンである60点を平均点にしてしまうのです。

60点が平均だと思っている学生にとっては、90点はコンフォートゾーンからずれてしまっているわけです。

また、日頃から、

「お金が欲しい」
「金になることはないかなあ」

などと思っている人が、**なかなかお金持ちになれないのも、「お金がない自分」がコンフォートゾーンになっている**からなのです。

「エフィカシー」を変える

ここまで読んでいただいたように、もしもあなたが年収を上げたければコンフォートゾーンの位置をずらさなくてはいけません。

そのためには、**「エフィカシー」**を変える必要があります。

エフィカシーとは、自分のゴールを達成する能力に対する自己評価です。エフィカシーを年収５００万円から２０００万円に変える必要があるのです。

５００万円というエフィカシーから２０００万円というエフィカシーに変えるわけです。そしてそれを徹底的にメンタルイメージするのです。

ただ、年収５００万円の人が来年年収２０００万円にしたいなら、今年の年収は１２００万円くらいだろうから、今年は年収１２００万円のエフィカシーでもいいかもしれません。

そうすると、**無意識で何が起きるかというと、年収１２００万円がコンフォートゾーンに変わるわけです。**

たとえば、年収１２００万円のエフィカシーができれば、年収５００万円の人と一緒にいるとつらくなってきます。実際、年収５００万円の人が年収１２００万円、２０００万円の人たちと一緒に飲んでいたりすると、何かイヤでしょう。

誰でもみんな自分と同じぐらいの年収の人、自分と同じような趣味の人、そんな人と一緒にいたがるわけです。

これがまさにコンフォートゾーンです。

「スコトーマ」が外れるとどうなるか？

そうすると、二つのことが起きます。

一つはスコトーマが外れます。つまり、1200万円の稼ぎ方がちゃんと見えてきます。

もちろん、ここでもホメオスタシスが働くので、年収500万円ではなく年収1200万円の稼ぎ方が見えてくれれば、勝手に稼ぎ始めるわけです。

スコトーマが外れることによって、単に年収500万円の人には見えなかった稼ぎ方が見えるようになるわけです。

そしてもう一つは、コンフォートゾーンが変わると、本当のゴールも見えてくるのです。年収500万円のスコトーマが消える、そうすると1200万円の稼ぎ方が見えるようになるだけではなく、スコトーマに隠れていた本当のゴールが見えてくる可能性があります。現状というコンフォートゾーンは、自分が本当に欲しいゴールもスコトーマに隠してしまっているのです。

本当のゴールとは？

つまり、本当のゴールを探すためにも、最初は現状の中で欲しいことでいいわけです。ただし、

「今の自分じゃとうてい達成できないな。でもこうなりたい」

という**現状では達成できそうにないゴール**を1個探す。

今の例のように、年収2000万円という目標でもかまいません。そしてそれのために今あるべき自分の姿をリアルに思い浮かべることができると、そのゴー

ルを達成するための方法論に対するスコトーマが外れるから、達成の仕方がわかってくる。

しかも、それは**無意識に起こります。**

そうするとホメオスタシスが目標のほうに勝手に働いて、自分がどんどんやり始めるようになるのです。

それだけではなく、前述したように本当のゴールも見えてきます。場合によって、それは何回か繰り返さないといけないかもしれませんが、必ず本当のゴールが見えてきます。

本当に欲しいゴールがわかったときは、人間は疑いなくわかります。

「あっ、これだっ！」

というふうにわかります。

よく、

「彼女と結婚したいんだけど迷っている」

という人がいますが、これは絶対にダメ。結婚しないほうがいいです。

でも、あるとき「こいつだ」という相手が見つかるわけです。そういう人が見つかるまで結婚してはいけないというのと同じように、ゴールも本当のゴールが見えてくるときがあります。

つまり、これかなと迷っているうちは本当のゴールではないのです。

ただし、最初は現状の中のゴールであっても、本当に欲しいものであればスコトーマが外れていくので、必ず現状からずれていきます。そうすれば、どんどん達成のやり方が見えて、ゴールが見えてきます。

やり方が見えるだけじゃなくて、無意識が勝手にやってくれる。

だからもう努力はいらないということです。

コンフォートゾーンの調整だけで、勝手にゴールは達成できるようになるのです。

環境を変えずに「自分」を変える

重要な点は、現代人が普段やっていることと逆のことをする必要があるということです。

現代人が普段やっていることは、暑かったり、寒かったりするとエアコンをつけて環境を調整してしまいます。

ですから、さっきの例でいうと、自分よりもゴール達成が大変だと思うと、ゴールを下げてしまうわけです。

「おれ、本当は社長になりたいんだけど、厳しそうだから部長になろう」

「おれは本当はボクサーになりたいんだけど、ちょっと大変そうだから会社員をやろう」

というように自分でゴールを下げてしまいます。

それは現代人の癖であり、環境を変えることを考えてしまう。

その現代人の癖を正さなきゃいけない。暑いときは汗をかけということです。

つまり、**環境を変えるのではなく、自分を変えるのです。**

ゴールを下げなければ、自分が変わっていくのです。

タイガー・ウッズとルー・タイス

この章の最後に、タイガー・ウッズとルー・タイスの話をしたいと思います。

2005年10月、世界ゴルフ選手権の最終日に、タイガー・ウッズとジョン・デーリーが優勝争いをしていました。最終の18番ホールが終わった段階で、同スコアで並び、勝負はプレーオフに持ち越されたのです。

そして、迎えたプレーオフ2ホール目。タイガーは先にパー・パットを決め、デーリーが距離1メートルのパー・パットを決めれば、さらに次のホールへと勝負が持ち越される場面。

タイガーは、なんとデーリーのパットを本気で「入れ」と願っていたのでした。

おかしくありませんか？

デーリーがパットを外せば、タイガーの優勝が決まるのに、本気で「入れ」と思っていたのです。


なぜでしょうか？

世界ナンバーワンの「エフィカシー」

これは、実はすごく簡単です。

もしも、タイガーが「外せ！」と思うようなメンタルの持ち主であれば、ここまでゴルファーとして成功していないはずです。

「外せ！」と思ってしまうことで、無意識に自分は相手と同じか下であると評価していることになってしまいます。

わかりますか？

「相手が外すことで優勝できる」と考えるということは、

「外してくれないと自分は勝てない」

と自分にいってしまいることになってしまいます。

ところが、「入れ！」と願うということは、「あいつ入れてくんないと困る」「こんなの外すようなやつと最後までプレーしてたなんて、なんて恥ずかしいんだ」と思っていることになります。

「おれは世界最強のタイガー・ウッズで、こんなところで入れないようなやつとやってきたはずはない。おれはもっとすごいやつなんだ」って思っていたわけです。だから彼は「入れろ」と願ったわけです。

結果は、たった1メートルの短いパットをデーリーが外して、タイガーの優勝が決まりました。しかし、タイガーの表情はつまらない顔をしていたわけです。

これが、エフィカシーの力なのです。

前述したようにエフィカシーとは、自分のゴール達成能力に対する自己評価です。

タイガーのゴールはわかりませんが、当然のエフィカシーとして、**タイガーには、「自分は世界ナンバーワンのゴルファーである」というエフィカシーがあるわけです。**

そして、そのエフィカシーを維持するためには、相手が最後のパットで「外せ！」なんて思っていてはいけない。「外せ」と思うということは、外さないと優勝できないと思ってしまっていることになります。

だから、「入れ！」と思わなければいけないのです。

タイガーのエフィカシーの源泉はどこにあるのか？

実際に、タイガーはどこでエフィカシーを高く維持する方法を学んだのかというと、それは父親からでした。

彼の父親は、グリーンベレーの元大佐です。グリーンベレーたちはアメリカの特殊部隊です。そこの教育は、単純にいうと、

「我々は世界一の軍隊だ」

という高いエフィカシーを維持する教育です。

そして、その教育をつくった人がルー・タイスなのです。ルー・タイスは、米軍の教育プログラムもつくり上げてきた人でもあります。

ルー・タイスの凄み

実は、2006年ごろから、私はルー・タイスと仕事をするようになりました。突然、ルー・タイスのシアトルにあるオフィスに呼ばれたわけです。その後はほぼ毎月のように、彼や彼のスタッフと時間を過ごしています。実はこの原稿も今

シアトルのルー・タイスのスイートのソファで書いています。

彼は、アメリカ軍だけでなく、北京オリンピックで大活躍したアメリカ水泳チームや大学フットボールチームをはじめ、**フォーチュン500社のうちの62%が彼のプログラムを採用しているほどのコーチング界のトップの中のトップ**みたいな人です。

そして、なぜ私が呼ばれたかというと、彼が開発している新しいプログラムを一緒にやってほしいということでした。その新しいプログラムは、今までルー・タイスがやってきた最強の兵士をつくったり、とにかく稼いでくる企業戦士をつくるプログラムではなく、各国の若者をそれぞれのドリームの達成に向けて、解放し、スコトーマを外していくものでした。

そして、私が彼のことを一番すごいと思ったのは、

「私は40年間これをやってきて大成功してきたからこそ、自分のプログラムにスコトーマができているに違いない。だから見てほしい」

といわれたのです。これだけの実績のある人なのに、自分の中にスコトーマがあることを認めているわけです。

彼は、40年間やってきたからこそ、

慣れ親しんだ世界だからこそスコトーマができる

ということを自ら認めていたわけです。

では、次章で実際にスコトーマを外すメンタル・トレーニングの方法を紹介します。

第4章

最新の脳科学と心理学から開発された
メンタル・トレーニング・プログラム

目標がないと死んでしまう！

では、具体的なメンタル・トレーニングの話に入る前に、目標の持つ本当の意味について述べていきます。

目標は、人間にとって非常に重要な要素です。**目標を持っていないと人間は死んでしまいます。死というのは、目標がないと起こってしまうわけです。これは基本的な人間のニーズです。**

アメリカの調査で、企業人が引退してから新たな目標がないと、平均18カ月で何らかの原因で死んでしまっている、というのがあります。

目標を持つことで初めて「潜在能力」が発揮される

ほとんどの人は、脳が持っている能力を使っていません。プロローグに書いたように、3％とは限りませんが、多くの人が能力のほとんどを使っていません。これは事実です。

たとえば、ビジネスの将来の姿、人との付き合いの将来の姿、たとえば世界旅行がしたいであるとか、どのような友人が欲しいであるとか。

その想像力を使って将来の姿を想像するということをしていません。もしかすると、そういう空想をしている人はいるかもしれません。しかし、その想像のリアリティが足りないのです。

そう、**あなたの潜在意識を発揮させるには、リアルなイメージ力が不可欠です。**

この章では、具体的なメンタル・トレーニングを紹介しますが、それは**アファメーション**といわれるものです。

ただ、一般的に知られているアファメーションは、「自分には能力がある」と唱えたり、欲しい車の写真を毎日見るといったことですが、ここで紹介するのはもっと効果的な方法です。

それは、**最新の脳科学と認知心理学**に基づいているからです。

他人が選択した人生を生きていませんか？

もしも、あなたが外国でレストランに入ったとしましょう。

あなたは、その国の言葉を読むことができません。ですから、メニューが読めないわけです。一緒に来ている友人は、その国で生活しているので、メニューも読めますし、何がおいしいかも知っています。

こんな状況のとき、あなたは何を注文しますか？

おそらく、友人にいわれたままのものを注文するはずです。

「それよさそうだね。同じものをお願いします」

というのではないでしょうか？

これは自分の選択をしていませんね。

他の人に選んでもらったものを「それでいいよ」といったわけです。これはみなさんの人生も同じです。

「これが現実なんだ」と親からいわれたことをそのまま受け入れる人生。友人や周りの人たちがしていることを現実だと受け止めて、それ以上のことを考えないということです。

でも、それは今日からやめてください。

そして、将来を意図的に自分でつくってほしいわけです。何が自分の求めているものなのか。

つまり目標です。その自分のした選択を脳に組み込んでほしいわけです。そうすることによって創造力が解放されます。そして、比喩的にいえば、意識のエネルギーレベルが上がっていきます。

その結果、今ある現実に基づいたものではなく、より大きくなった現実をもとに将来をつくることができるのです。

つまり、イメージ力を使ってものの見方を変えると、今までブロックされていた重要情報が入ってくるのです。スコトーマによってブロックされていた情報が入ってくるのです。

脳の中のイメージが変わると人生も変わるわけです。

そのためには、何もしないで待っている、たとえば宝くじに当たるのを待っているのではダメです。環境が変わってくれるのを待つのではなく、自分が変わるのです。

チャンスは偶然やってくるわけがない

ほとんどの人は、変化というのは外側から起こるものだと思い込んでいます。たとえば、人生を変えるようなビジネスにおけるチャンスや良い人との出会いは、偶然起こるものだと思っています。

場合によっては、幸運だったと考える人もいるでしょう。

しかし、**これは間違い**なのです。

あなたの持つリアルなイメージ力が人生をつくるのです。チャンスは偶然やってくるのではありません。そこら中に転がっているにもかかわらず、スコトーマによって隠されているだけなのです。

ルー・タイスの言葉では「すべての意味のある変化は内側から起こり、外側に発見的に広がる」のです。

「引き寄せ」という言葉があります。

強くイメージすれば、その出来事やものが引き寄せられて、目の前に現れるという考え方です。

結果論としては間違っていませんが、実際は「引き寄せ」ているのではなく、**目標が強くリアルにイメージされることにより、コンフォートゾーンがずれ、スコトーマが外れ、目の前にあった目標達成に必要なものが、「これまで見えなかったのが見えるようになる」**ということです。

エフィカシーを高めるコツ

病気になりたくないと非常に心配している人がいます。しかしながら、そういう人ほど病気になってしまいます。いつも心配していれば脳がリアルにイメージしてしまうので本当になってしまうからです。

これは、病気だけでなく、金銭的な問題、人間関係の問題など、すべてにおいて同じです。

つまり、**マイナスの目標設定**をしてしまっているのです。

欲しくもないものを求めるようなプログラミングをしているようなものです。

むしろ、障害物があればこれを回避する方法をイメージしてください。障害物のことは考えないでください。

事故をよく起こす人がたまにいます。

事故をよく起こす人たちがどんなイメージを持っているかわかりますか？

おそらく、いつも事故を起こしてしまうとか、怪我をしてしまうとか、そのことばかりをイメージしているわけです。

自分も自分が事故を起こしやすい人だということを知っている。家族も知っている。そして、周りの人も、そして、自分自身も自分の問題のことと知って、自分に指摘しつづけている。ルー・タイスがよく引き合いに出す家族の会話で、

「気をつけてね、あなたはいつも怪我するんだから。そして、わかっているでしょ、いつも事故を起こすんだから」

「あ、忘れていた。指摘してくれて、私の問題を再指摘してくれてありがとう」

という、こういうういい方をするかどうかは別として、アメリカの家庭でありそうな会話があります。

こういう人は家族との会話のおかげでどんどん「事故を起こしやすい」という自己イメージを強化して、必ず事故を何度も起こします。

このように、**「自分は事故を起こしやすい」という自己イメージがあれば、脳は創造的にそれを実際に引き起こす方法を考えつき、無意識に実行します。**

「内側で生まれたリアルなイメージは外側に発見的に広がる」

のです。

ここで課題となっているのは、そのような自己イメージをどのようにコントロールしていくかです。

四つの自己対話とは？

そこで重要になってくるのが**自己対話**です。そして、情緒、感情を視覚化するということ、自分が欲しいものをイメージすること。

欲しくないものはイメージしないこと。ネガティブで破壊的で、あら探しをする人、そして、問題を何度も指摘する人、そういう人たちを乗り越えなくてはなりません。

これらは、あなたの自己イメージを汚染させてしまいます。それはうまくいかないだとか、それはひどいことだとかをイメージしているとその方向にいってしまいます。

そして、自己対話には四つのレベルがあります。

一つ目は、「私はできない」というネガティブなあきらめです。

二つ目は、「問題はわかります。しかし、それを改善する気はありません」というレベルです。「禁煙をしなくてはならないのはわかっている。でも私はやらない」というレベルです。

三つ目は、「もうやらない」と決意するレベルです。決意はするのだけど、ここで問題なのは、代替となるイメージがないということ。その代わりに何をするのかのイメージがない。

四つ目は、「もうやらない」と決意して、その代わりになるものをイメージする。

これが、まさにアファメーションなのです。

第4レベルまで行くことがことさらに重要です。

「ビジネスでどのようにうまく生かせるか」

「家族関係はどのようにうまくいくか」

「自分は、どのように成功するか」

などといった代替のイメージをしっかりとリアルに感じることが重要なのです。

三つ目のレベルだけでは、必ず古い行動に戻ってしまいます。

より「強くイメージ」することの重要性

次項で具体的なアファメーションの方法を説明しますが、常に変えてはいけないのは、セルフイメージのエフィカシーを下げないということです。

そして、重要なのは、いかにイメージできるかなのです。

現状より高いエフィカシーを維持すると、「認知不協和」と呼ぶ心理的不安定状態が生まれます。その場合、心理的不安定を解消するために、現状に戻るか、目標の世界に移動するかのどちらかのゲシュタルトを無意識は選ぼうとします。

そして、どちらを選ぶかというと、**より強くイメージできているほう**を選ぶわけです。だから**アファメーションが重要**なのです。

I（イメージ）×V（臨場感）＝R（現実）

なのです。

イメージとヴィヴィドネス（臨場感）がリアリティ（現実）をつくるということです。イメージがあって、強い臨場感があれば、「それがリアリティですよ」という意味です。

ですから、目標を持ったら、達成するためにアファメーションをやる。そして代替イメージに現実世界よりも慣れ親しむように何度もリアルなイメージを繰り返すのです。

しかし、そのためには、エフィカシーを徹底的に高く維持しなければいけません。ただし、これは自己能力の評価だから、今、それを実現しなくても、自分はそれを実現できる人間なのだとイメージできていればいいのです。

実践！　メンタル・トレーニング

まずは、

・これまでの経験で非常に誇りに思っていること

を五つ書いてください。

子供の頃から今まで経験してきたことの中からです。素晴らしい達成や誇りに思うことを書いてください。

①

⑤ ④ ③ ②

書けたでしょうか?

あなたがやるべきこと

そして、

・4週間
・毎日
・1日2回

あなたが書いた各項目を読んでください。

読んだときに再度、達成感、快感といったものがよみがえってくるはずです。

そして、その言葉やイメージを感じてほしいのです。

そうすることによって、その出来事が起きたときと同じ事がもう1度体験されるわけです。

五つの項目があるわけです。そしてその結果、もう1度記憶されるのです。

これをやらないと、同じ回数の達成感を記憶するのに10年かかるかもしれません。このプロセスをスピード化するのです。

ことがあったことになり、あなたのプログラムは脳内に出来上がります。

各項目についてやってください。無意識が受け入れやすい状態になっているベッドから起きる直前と眠る直前に必ずやってください。また可能であれば、通勤、通学時や休憩時間にもやってください。

これらを毎日やっていくことにより、あなたのエフィカシーがどんどん高くな

っていきます。また、目標の世界をよりリアルにして、内部表現のアファメーションを物理的現実とするので創造的な心のエネルギーがどんどんたまっていきます。

大きな夢に向かって言葉のシャワーを放つ

次にやっていただきたいのは、夢を書いてもらうことです。

大きな夢です。考えるだけでもちょっと怖くなるようなとても大きな夢です。ビジネス、結婚、お金かもしれません。何でもいいんです。こんなことが起きたら本当にすごいなという夢です。

そしてやっていただきたいことは、先ほど書いた五つの項目を読むときに感じた感情を、その夢に向かってシャワーのように浴びせるのです。

過去の成功の感情を将来の目標に浴びせるのです。朝と夜やってください。

さらにエフィカシーを強化する方法

次の段階にいきます。

また、書いていただきたいのですが、人生でうまくいかなかったことを五つ書いてください。愛する人の死かもしれません。人生に失敗したということかもしれません。お金かもしれません。

何でもいいので、五つを書き出してください。

自分の人生でうまくいかなかったことを五つ書いてください。

①

②

③

④

⑤

それから、いかにそれから上手に回復したかということを思い出してください。うまくいかなかったときの苦しみのことを考えるのではありません。どうやって克服したのかを思い出すのです。

どんな形であれ、今、あなたがこの本を読んでいるということは、つらい出来事を克服してきたからなのです。

つまり、あなたは困難を克服することのできる人間なのです。

自分が強かったことを思い出してください。

これをやることで、さらにあなたのエフィカシーは強化されるのです。

いかがでしたでしょうか？

簡単でしょう？
本当に効果のあるものはシンプルなのです。

でも、このアファメーションを続けてください。
そうすれば、あなたの夢や目標を実現する方法が次々と見えてきます。
つまり、努力なんていらないのです。
アファメーションを続けることで、

- **あなたのエフィカシーは高くなり**
- **コンフォートゾーンのレベルも上がり**
- **スコトーマが外れ**
- **目標を達成する方法が見えてくる**

のです。

あとは、努力なんていりません。
無意識が勝手に夢を実現してくれるのです。
そして、前述した通り、
今まで見えなかった**「本当の夢」**に出会えます。

最終章

「創造的無意識」の使い方

「創造的無意識」とは？

ここまで読んでいただき、ありがとうございます。

本章では「創造的無意識」について説明します。今まで述べてきた内容を確実にものにするためにも重要な概念になっています。

まずは、私たちのマインドを**「意識」「無意識」「創造的無意識」**の三つに分けて考えます。

もちろん、脳にこのような局所的な部分分けがあるわけではありませんが、このように大きく機能分けをしたほうがわかりやすいと思います。

私たちは、生まれてからずっとさまざまな経験をしてきています。そして、それらの情報を五感で感じ、情報を無意識の中に蓄積させています。いわゆる記憶になっています。

そして、その記憶に対し感情が加わっています。これが情動の歴史です。**情動記憶**と呼びます。

さらに、無意識の中に構築されるものとして**習慣**があります。

つまり、無意識の中にある情動記憶と習慣によって自分のセルフイメージが決まっているのです。これは、自分がどのような人間であるのか、自分がどんな性格であるのか、何が得意なのかというイメージになります。

「創造的無意識」の機能

「創造的無意識」は、その無意識にあるセルフイメージと現実を調和させるように働きます。これが、**精神空間におけるホメオスタシス**です。

テストの平均点が60点の学生が90点を取ってしまったら、次のテストで30点取ってしまうのと同じです。年収300万円の人が宝くじで2000万円当たっても、無駄遣いしてしまうのも同じです。

つまり、**無意識にあるセルフイメージと現実が一致するように調整するのが創造的無意識**なのです。

創造的無意識は、無意識のセルフイメージと現実とのギャップを調整してくれます。

ですから、私たちはアファメーションを使ってエフィカシーを高める必要があるのです。

わかりますか?

アファメーションを使ってエフィカシーを高めることで、無意識の中のセルフイメージを変えることができます。そうすれば、あとは創造的無意識が働き、より高いレベルの人生を歩むことができるようになるのです。

そうやって、自分自身を持ち上げていく。そして、それを繰り返すのです。

たとえば、お金持ちの人を見て、

「彼のような人生を送りたい」

と思うだけではダメなのです。

第4章で説明したアファメーションを使って、あなたの無意識の中のセルフイメージを変えなければいけないのです。エフィカシーの高いセルフイメージです。そして、それを自分が達成しているイメージを持つことが重要です。他の人がしているのをイメージするのではなく、自分がやっているイメージです。自分自身がそれをやっている、なっているイメージを持つのです。

そうすると、あなたの潜在能力は発揮されます。創造力とエネルギーが解放されます。どんな問題もその創造力によって、解決できるようになるのです。

今までだったらとうてい解決できなかった問題も、無意識の中のセルフイメージを変えることができれば、創造力が発揮されて解決できてしまうのです。今までだったらとうてい無理だと思っていた目標も達成できてしまうのです。

ですから、繰り返しになりますが、アファメーションを使ってエフィカシーを高く持ってほしいのです。そうすれば、創造的無意識が働いて、人生のレベルが自動的に上がっていくことになるのです。コンフォートゾーンが移動していくのです。

大きな目標を持たなければならない理由

前述したように、大きな目標を設定して、アファメーションを活用することで目標は達成できます。それが脳のメカニズムだからです。

なぜでしょうか?

方法論は書いたので、ここでは種明かしをしましょう。
ゴールを設定するということは、あなたの中に問題を引き起こすことになります。ゴールを設定するということはセルフイメージを変えることになるからです。ゲシュタルトを崩すからです。

わかりますか？

ゴールを設定することで、現実とのギャップが生まれ、

「私はこのような生活をしているはずではない」

という問題が出てくるのです。
そして、問題を解決しようとホメオスタシスが働き、創造的なアイデアが出て

くるのです。先ほど述べた創造的無意識が力を発揮するのです。それによって、潜在能力が発揮できるようになります。

また、スコトーマが外れます。今まで見えていなかったチャンスが見えるようになります。

実際、年収500万円の人と年収1億円の人の環境や能力は変わらないのです。もし、違いがあるとすれば、そのチャンスがスコトーマで見えなくなっているか、スコトーマが外れて見えているかだけなのです。

ですから、まずは大きな夢を持ってください。

そして、第4章で紹介したアファメーションを使って、エフィカシーをその夢のレベルまで高くしてください。

そうすれば、コンフォートゾーンが移動して、創造的無意識が勝手にあなたをゴールまで導いてくれます。脳はそうなっているのです。

無意識は勝手に、ゴールを達成する方法を考えてくれるのです。ですから、ゴールを設定するときは、達成する方法がわからなくても全然かまわないのです。

あなたは、まだ潜在能力の数%も発揮していません。
あなたは、どんなに大きな夢でも実現する力を持っているのです。

あとがき

本書は、米国の自己啓発界のカリスマであり、コーチングの元祖であるルー・タイス氏の**新教育プログラムPX2**のエッセンスが盛り込まれています。

生涯の仕事の集大成として彼が全力を注いだ、新自己啓発プログラムPX2の構築を全世界の脳科学者、心理学者、教育学者らと共にお手伝いするという光栄を得ることになり、その後は、約1年かけて米国でのこのプログラム構築の中心メンバーとしてかかわってきました。本部シアトルでの滞在時には大学院生時代に戻ったかのように、研究所に文字通り24時間こもりっきりという日々を続けていました。

その経緯の一部は『本当はすごい私』（講談社）や『努力はいらない！「夢」実

現脳の作り方』（マキノ出版）などにも書いた通りです。

本書を読まれて、いわゆるこれまでの自己啓発といわれてきた、たくさんのプログラムと新教育プログラムＰＸ２との基本的な差違も感じていただけたのではないでしょうか？

これまでの自己啓発プログラムは、過去の成功者の方法論や考え方をケーススタディのように解説したり、それらから抽出された成功のルールのようなものを紹介する記述的なものが中心でした。もちろん、ルー・タイス氏自身もそういった成功者の１人であり、また、他の成功者のルールをよく研究した人でもあります。

実際、ルー・タイス氏自身の過去のプログラムは、米国フォーチュン５００社の62％が採用し、全世界で３０００万人以上が研修を受けるという世界でトップを独走する実績を上げています。

ただ、ＰＸ２ではそういった成功例の分析は、あくまでも、ＰＸ２理論の検証例として用いられているにすぎず、ＰＸ２理論そのものは、世界の科学者の協力を得て、脳科学や心理学における、特に認知科学領域における最新の研究成果をもとに開発されたプログラムです。

脳科学における認知科学領域の研究分野を機能脳科学といいますが、まさにそれを研究してきた私が開発に呼ばれたのもそういった経緯です。また心理学分野でも米国心理学会会長クラスの教授たちが開発に参加しています。

私自身も、ゴール設定における構造的インヘリエンシー制約の導入や、ホメオスタシス理論によるコンフォートゾーンとゲシュタルトモデルの再構築など、いくつかの重要なモデル構築に貢献することができました。

特に、構造的インヘリエンシー制約というのは、拙著『超人脳』（アスコム）でディベート理論の解説として詳しく書きましたが、現状（Status Quo）を続けることではゴールを達成することができないという制約のことです。現状そのものが流動的ですから、その制約は現状にとって本質的なものである必要があります。

このようなゴール達成の構造的な阻害要因の存在を**インヘリエンシー（内因性）**と呼んでいます。

ゴールにはインヘリエンシーが必要であるという制約をＰＸ２理論に導入しました。これをしないと、ゴールとして設定したこと自体が現状を肯定してしまい、結局コンフォートゾーンがずれず、またエフィカシーが上がらなくなってしまいます。

このように、**自己啓発の方法論を科学的に構築し、検証して構築された自己啓発プログラムというのは、ＰＸ２が世界で最初といっても過言ではないでしょう。**

構築されると同時に、アメリカオリンピックチームや中国オリンピックチームなどにいち早く導入され、めざましい成果を上げました。またプロサッカーやフットボールなどでも北米では続々と導入されています。

さらに、ＰＸ２理論をビジネス分野にも導入する方向性で、ルー・タイス氏の依頼により、社会人向け新プログラム、Tice Principle in Excellence（TPIE）が生まれました。

本書ではTPIEプログラムのエッセンスも紹介しています。

本プログラムのエッセンスは極めて単純です。我々は、自分の過去の情動体験などの経験、そして両親や先生や人からいわれたことが信念をつくり、それが自己イメージをつくり、自分自身の能力の評価であるエフィカシーのレベルを決定しています。そしてそのレベルの空間がコンフォートゾーンとなっています。

これにより、過去の信念に即したことしか認識することができません。これをスコトーマといいます。コンフォートゾーンを外れるとホメオスタシスの力ですぐに元に戻ろうとします。その戻り方は極めて創造的で、まさに創造的無意識と呼べるものです。

これに対して、**これまでのコンフォートゾーンの外側にゴールを設定し、そのゴールに見合ったレベルのエフィカシーをコンフォートゾーンにできるならば、スコトーマが外れ、ホメオスタシスで自動的に、また極めて創造的にゴールを自**

然に達成することができるということです。

新たなコンフォートゾーンの中にいるのですから、ゴールを達成する過程は楽しくてしょうがないし、極めて生産性が高くなります。

また、やりたいことだけやっているという感覚になります。もちろん他人からは、すごく熱心に努力をしているように見えるかもしれませんが、本人には、ゲームに熱中する子供のように、楽しいからどんどんやってしまう、その結果ゴールを達成してしまう。ただそれだけです。

そして、**このために重要なことは、ゴールに合わせたエフィカシーレベルのコンフォートゾーンをいかにリアルに感じるかです。**

その方法論のエッセンスを本書で紹介しました。本書の方法だけでも毎日続ければ確実にリアリティを出すことができるはずです。

そして、**ゴールに合わせたエフィカシーのコンフォートゾーンの世界が、現実の世界よりもリアルになれば、それが現実になるのです。**私たちの脳はそういうものなのです。というよりは、私たちの脳内情報処理が生み出しているこの世界はそういうところなのです。

「引き寄せ」という考え方がありますが、これは、まさにこのメカニズムで説明できます。ゴールに合わせたエフィカシーのコンフォートゾーンの世界が現実の世界よりもリアルに感じられるならば、それまで目の前にあったのに、ゴールのコンフォートゾーンからずれていたために、スコトーマで目に入っていなかったゴール達成に必要な人物や、組織、モノ、そして、ものの考え方や知識、またビジネスチャンスなどが見えてくるのです。

それまでは目の前にあったのに見えなかったものが見えてくる。引き寄せたのではなくスコトーマが外れて見えるようになっただけなのです。そして無意識が自然にホメオスタシスの力で創造的にそれらとかかわってゴールを達成してくれるのです。

あくまでも、やりたいことだけをやって、楽しんで達成できるのです。それでいいのです。もしも、「やらねば」と思って一生懸命やっているならば、それはあなたがコンフォートゾーンの外側にいるということであり、それではいくら努力しても、頑張ってもゴール達成は難しいのです。

やりたいことだけを楽しんでやっている。これが、まさに今コンフォートゾーンの中にいる証拠であり、ゴールをしっかりと見つめているならば、確実にそのゴールは達成されるのです。

スコトーマの原理でわかるのは、**我々の認識はゴールが生み出すもの**ということです。ゴールに即していることしか見えないのだからです。これは、**ゴールをしっかりと見つめていて、今、やりたいことを楽しくやれているならば、確実にゴールに近づいている証拠である**といい換えてもいいでしょう。

ですから、みなさんのやるべきことは、ゴールを見つめて、エフィカシーを上げ、本書のトレーニングを行うだけです。あとは楽しんでやりたいことだけをやる日々を送ってください。それが正しいことなのです。

本書が、読者のみなさんの夢の実現に、これまで手にされたどの本よりも貢献できるものと確信して筆をおきます。

【著者プロフィール】

苫米地 英人（とまべち・ひでと）

1959年、東京生まれ。認知科学者（機能脳科学、計算言語学、認知心理学、分析哲学）。計算機科学者（計算機科学、離散数理、人工知能）。カーネギーメロン大学博士（Ph.D.）、同CyLab兼任フェロー、株式会社ドクター苫米地ワークス代表、コグニティブリサーチラボ株式会社CEO、角川春樹事務所顧問、中国南開大学客座教授、苫米地国際食糧支援機構代表理事、米国公益法人The Better World Foundation日本代表、米国教育機関TPIジャパン日本代表、天台宗ハワイ別院国際部長、公益社団法人自由報道協会 会長。
マサチューセッツ大学を経て上智大学外国語学部英語学科卒業後、三菱地所へ入社。２年間の勤務を経て、フルブライト留学生としてイエール大学大学院に留学、人工知能の父と呼ばれるロジャー・シャンクに学ぶ。同認知科学研究所、同人工知能研究所を経て、コンピュータ科学の分野で世界最高峰と呼ばれるカーネギーメロン大学大学院哲学科計算言語学研究科に転入。全米で４人目、日本人としては初の計算言語学の博士号を取得。帰国後、徳島大学助教授、ジャストシステム基礎研究所所長、同ピッツバーグ研究所取締役、ジャストシステム基礎研究所・ハーバード大学医学部マサチューセッツ総合病院NMRセンター合同プロジェクト日本側代表研究者として、日本初の脳機能研究プロジェクトを立ち上げる。通商産業省情報処理振興審議会専門委員なども歴任。現在は自己啓発の世界的権威、故ルー・タイス氏の顧問メンバーとして、米国認知科学の研究成果を盛り込んだ能力開発プログラム「PX2」「TPIE」などを日本向けにアレンジ。日本における総責任者として普及に努めている。著書に『苫米地式 聴くだけで頭がよくなるCDブック』（イースト・プレス）、『コーポレートコーチング 下』（開拓社）、『ここがおかしい安保法制』（サイゾー）など多数。TOKYO MXで放送中の「バラいろダンディ」（21時～）で木曜レギュラーコメンテーターを務める。

苫米地英人 公式サイト http://www.hidetotomabechi.com/
ドクター苫米地ブログ http://www.tomabechi.jp/
Twitter http://twitter.com/drtomabechi (@DrTomabechi)
PX2については http://bwf.or.jp/
TPIEについては http://tpijapan.co.jp/
携帯公式サイト http://dr-tomabechi.jp/

装丁・本文デザイン　小口翔平＋喜來詩織（tobufune）
DTP　キャップス

残り97%の脳の使い方 ポケット版

2017年2月1日　初版発行
2024年11月26日　6刷発行

著　者　苫米地英人
発行者　太田　宏
発行所　フォレスト出版株式会社
〒162-0824 東京都新宿区揚場町2-18　白宝ビル7F
電話　03-5229-5750（営業）
03-5229-5757（編集）
URL　http://www.forestpub.co.jp

印刷・製本　日経印刷株式会社

ISBN978-4-89451-723-3　Printed in Japan